Previdência e Neoliberalismo

C837p   Costa, José Ricardo Caetano
      Previdência e neoliberalismo / José Ricardo
    Caetano Costa. — Porto Alegre : Livraria do
    Advogado, 2001.
      149 p.; 14x21cm.

      ISBN 85-7348-196-X

      1. Seguridade social. 2. Previdência social:
    Neoliberalismo. 3. Previdência social: Capita-
    lismo. I. Título.

                     CDU – 368.4

    Índices para o catálogo sistemático:

    Seguridade social.
    Previdência social: Neoliberalismo.
    Previdência social: Capitalismo.

(Bibliotecária responsável: Marta Roberto, CRB-10/652)

José Ricardo Caetano Costa

Previdência e Neoliberalismo

Porto Alegre 2001

© José Ricardo Caetano Costa, 2001

Capa, projeto gráfico e diagramação
Livraria do Advogado Editora

Revisão
Rosane Marques Borba

Direitos desta edição reservados por
Livraria do Advogado Ltda.
Rua Riachuelo, 1338
90010-273 Porto Alegre RS
Fone/fax: 0800-51-7522
livraria@doadvogado.com.br
www.doadvogado.com.br

Impresso no Brasil / Printed in Brazil

Para não esquecer...

Este trabalho é uma homenagem às quase mil seguradas, todas mulheres, que tiveram seus benefícios cassados, em Pelotas, a partir de 1991, sob a alegação de fraude em alguns contratos postos em suas carteiras de trabalho. Por serem a parte mais fraca na relação; por terem falecido sem receber o benefício; por terem sido tratadas como criminosas, enquanto os verdadeiros culpados caminham, livres e impunes, pelas ruas da cidade; por serem mulheres, pobres e trabalhadoras.

Para sempre lembrar...

À Ana, pela ternura e companheirismo na luta cotidiana, e ao Rodrigo, para que cresça junto com as idéias acalentadas neste trabalho.

À Drª Marlene Ribeiro, por tudo o que deixou em mim; por ser radicalmente o que é.

Aos Mestres-Doutores, funcionários e colegas do Mestrado em Desenvolvimento Social (MDS), na certeza de que "as pedras do caminho", de Drummond, existem para serem removidas.

Prefácio

Em boa hora vem esta publicação de *Previdência e Neoliberalismo*, de José Ricardo Caetano Costa, no momento em que o Governo Federal faz mais uma de suas investidas para responsabilizar os funcionários públicos federais aposentados pelos seis anos em que se nega a reajustar os salários dos funcionários ativos, pretendendo retirar daqueles, através de uma "contribuição" compulsória, o "aumento" de salários que promete "conceder" a esses últimos. Digo em boa hora, porque o autor coloca o debate sobre a seguridade social em um patamar histórico no qual é possível desnudar as artimanhas neoliberais através das quais o Estado dá os últimos retoques no processo de privatização do sistema previdenciário brasileiro.

A questão central que se coloca o autor, considerando, de um lado, a tendência crescente de desemprego estrutural e tecnológico e, de outro, o descomprometimento do Estado neoliberal com políticas de caráter social, é como fica o sistema de Previdência Social, no Brasil. Para respondê-la confronta concepções liberais, em que pode ser compreendido o Estado do Bem-Estar, e neoliberais, que defendem a mercadologização dos serviços públicos essenciais, entre eles, a seguridade.

Enquanto o Estado do Bem-Estar, que vigorou nos *Anos Dourados*, significou uma estratégia de redistribuição de renda dentro do modelo taylorista-fordista de produção, tendo presente a força dos movimentos sociais ancorados nas revoluções russa e chinesa, a imposição unilateral do que é eufemisticamente chamado de "flexibilização" e "desregulamentação" do trabalho, correspondente à eliminação dos direitos sociais, tem como referência a fragilização do sindicalismo diante do desemprego e do aparente fracasso daquelas revoluções.

A análise criteriosa da Previdência Social no Brasil, feita por José Ricardo Caetano Costa, com destaque para algumas conquistas contempladas pela Constituição de 1988, que o Governo Federal, através de Emendas Constitucionais e até de Medidas Provisórias vem eliminando ou deformando, mostra o caminho da privatização adotado para o sistema previdenciário brasileiro. Desta análise, ressalto algumas questões que me parecem cruciais para se pensar a Previdência hoje.

A primeira traz para o debate público os modelos contraditórios e conflitantes de seguro social x poupança individual. Enquanto o seguro social estriba-se na *universalidade* e na *protetividade*, sendo garantido pelo Estado, o seguro privado é individual, está sujeito às leis de mercado e, como tal, nada garante que o segurado dele possa fazer uso, dados os indícios de improbidade administrativa de inúmeras empresas seguradoras, como aponta o autor em sua análise. Além disso, *no campo dos seguros privados, a solidariedade cede lugar à individualidade dos contribuintes, não havendo lugar para o coletivo, tendo em vista a pessoalidade da contribuição* (p. 71).

A segunda diz respeito às alternativas apontadas pelo autor com relação ao sistema previdenciário. José Ricardo Caetano Costa trabalha com duas possibilidades. Uma, de caráter mais imediato, seria a da luta pela preservação do patrimônio acumulado pelas contribuições da classe trabalhadora e que, historicamente, tem sido desviado para fins diversos daqueles para os quais foi criado, como, por exemplo, o financiamento da construção da Cia Vale do Rio Doce, da Petrobrás, de

Brasília/DF... Se não assumirmos a defesa desse patrimônio, resultante das contribuições de todos os trabalhadores, *ninguém tenha dúvida de que a iniciativa privada irá abarcar a parte lucrativa do sistema, quiçá mais um "negócio", na acepção capitalista, deixando para o Estado o pagamento dos benefícios de valores mínimos, seguindo os passos do Chile e de outros países que aderiram às políticas neoliberais* (p. 133).

A outra alternativa parece indicar a necessidade de se resgatar experiências de entidades de classe, nas quais estavam contidas preocupações com a segurança dos associados e de seus familiares. A emergência de cooperativas de trabalhadores para enfrentar o desemprego, em que esses trabalhadores são proprietários dos meios de produção e o trabalho é organizado sob a forma de autogestão, poderá indicar a possibilidade de criarem-se alternativas autônomas de seguridade social.

Para além do trabalho criterioso de revisão histórica do sistema previdenciário brasileiro, submetido a um olhar crítico que tem a classe trabalhadora como sujeito social, o mérito desta obra está em oferecer uma importante pista à discussão sobre os sentidos que hoje toma a seguridade do trabalhador brasileiro. Se o autor mostra, todo o tempo, que, mesmo sob a administração do Estado, este não garante o seguro social para o qual o trabalhador contribuiu durante toda a sua vida, porque sempre há formas de criar leis que retirem ou façam minguar os benefícios, aponta, também, na mesma obra, que está amadurecendo o tempo em que os trabalhadores deverão criar suas alternativas de trabalho e de seguridade social. Pensa o autor, que *cabe aos trabalhadores, bem como aos desempregados e inativos, trilharem seu próprio caminho, organizando formas de proteção recíproca, de modo a defenderem-se contra as investidas do capital, justamente quando necessitarem de algum benefício, seja por incapacidade ou por idade avançada. Esta tarefa não poderá ser delegada* (p. 135).

Vale a pena conferir esta obra, que me foi concedida a honra de prefaciar, e que traz importante contribuição ao debate nacional sobre o sistema brasileiro de Previdência Social.

Porto Alegre, abril de 2001.

Marlene Ribeiro

Sumário

Lista de abreviaturas e siglas 13

Introdução 15

1. As políticas de seguridade social no capitalismo 21
   1.1. No liberalismo clássico 21
   1.2. No estado do bem-estar social 27
   1.3. No neoliberalismo 32

2. A Previdência Social no Brasil 47
   2.1. Breve histórico 47
   2.2. Uma história de exclusão 51
   2.3. Os avanços trazidos pela Constituição Federal de 1988 . 59
   2.4. O dilema: público ou privado 63

3. A privatização do sistema 69
   3.1. Seguro social *versus* poupança individual 69
   3.2. O modelo chileno 72
   3.3. As reformas da previdência social brasileira e os
       argumentos neoliberais 76
   3.4. Por que privatizar a previdência? 89

4. Trabalho, emprego e seguridade social no neoliberalismo . 95
   4.1. Os efeitos da mundialização do capital 95
   4.2. O mercado informal de Pelotas: reflexos do
       neoliberalismo vigente 110

5. Repensando a previdência social 116
   5.1. Por que a defesa da previdência pública? 116
   5.2. A utopia da autogestão 128

Conclusão 133

Referências bibliográficas 137

Anexos 143

Lista de abreviaturas e siglas

AFJP   Administradora de Fondos de Jubilaciones y Pensiones
ANFIP   Associação Nacional dos Fiscais de Contribuições Previdenciárias
CF/88   Constituição Federal de 1988
CIEDLA   Centro Interdisciplinário de Estudios sobre el Desarrollo Latinoamericano
COFINS   Contribuição para Financiamento da Seguridade Social
CTPS   Carteira de Trabalho e Previdência Social
CUT   Central Única dos Trabalhadores
DOU   Diário Oficial da União
EC   Emenda Constitucional
FGTS   Fundo de Garantia do Tempo de Serviço
FMI   Fundo Monetário Internacional
IAPs   Institutos de Aposentadorias e Pensões
IBGE   Instituto Brasileiro de Geografia e Estatística
IDH   Índice de Desenvolvimento Humano
INPS   Instituto Nacional de Previdência Social
INSS   Instituto Nacional do Seguro Social
LBPS   Lei de Benefícios da Previdência Social
LCPS   Lei de Custeio da Previdência Social
LOAS   Lei Orgânica da Assistência Social
LOPS   Lei Orgânica da Previdência Social
MP   Medida Provisória
MPAS   Ministério da Previdência e Assistência Social
OCDE   Organização de Cooperação e Desenvolvimento Econômico

PROER	Programa de Estímulo à Reestruturação do Sistema Financeiro Nacional
RGPS	Regime Geral de Previdência Social
RMI	Renda Mensal Inicial

Introdução

A queda do muro de Berlim e o desmoronamento do chamado "socialismo real", ocorrido na extinta URSS e nos países bálticos, contribuíram para a hegemonia ditatorial do pensamento e práticas liberais. Parece que, afora o (neo)liberalismo imperante, nada mais se justifica, seja em nível de pensamento intelectual, seja em nível das políticas sociais. As próprias políticas públicas, dentre as quais as de seguridade e assistência sociais, passam a ter no receituário messiânico neoliberal seu inimigo mais feroz.

Tendo em vista essa quase intocável dominação do pensamento neoliberal, cujos reflexos na Previdência Social brasileira já se começa sentir, é que pretendo questionar a saída privatista apontada pelo neoliberalismo.

A questão basilar que se nos apresenta pode assim ser resumida: o que ocorrerá se o Estado Capitalista, quiçá o tão propalado Estado Mínimo, não mais necessitar das políticas sociais de seguridade e assistência sociais para se reproduzir e legitimar? Em outras palavras: qual será a relação entre Estado e Seguridade numa sociedade em que a força de trabalho não seja mais condição *sine qua non* para a manutenção do capitalismo, onde o Estado não tenha mais interesse em sustentar políticas públicas de reprodução da força-de-trabalho?

Visando a responder estes questionamentos, no intuito de aclarar a lógica e a dinâmica desse sistema que ora se impõe, soberana e tiranamente, é que nortearei meus estudos. Para tanto, dividirei este trabalho em cinco partes.

Na primeira, analisarei as políticas de seguridade no capitalismo, enfocando o liberalismo clássico, o *Welfare State* e, por fim, os postulados neoliberais, focalizando o pensamento de seus principais articuladores.

Na segunda parte, estudarei a Previdência Social brasileira, sua história e a exclusão de numerosos segmentos da população, assim como os avanços e direitos trazidos em 1988, pela Constituição Federal, encerrando com uma discussão do que chamei de falso dilema, ou seja, da competência e limitação das esferas pública e privada.

Na terceira parte, adentrarei à privatização de nosso modelo público, confrontando os referenciais do seguro social com o da poupança individual, analisando o caso chileno e as reformas da Previdência Social brasileira até então ocorridas.

Os tópicos referentes aos efeitos da mundialização do capital, a questão da precarização do trabalho e o enfraquecimento dos sindicatos, dentre outras temáticas afins, serão tratados na quarta parte, culminando com uma pesquisa de campo realizada junto ao mercado informal de Pelotas. Nesta, tentarei analisar basicamente duas questões pontuais: o deslocamento do trabalho formal para o informal e a situação em que fica a contribuição previdenciária e a seguridade destes trabalhadores.

Na última parte, estabeleço alguns subsídios para a defesa da previdência pública, aberta e solidária, culminando com a análise da possibilidade de uma Previdência Social autogestionária.

Entendo que a discussão ora travada, onde, por um lado, encontramos numerosa e ferrenha parcela dos pensadores e estudiosos defendendo o modelo privatista e, por outro, uma minoria, dentre os quais me incluo, na defesa de um sistema público, é de fundamental importância para que possamos participar ativamente dos rumos dados à Previdência Social em nosso país.

Pretendo limitar meu estudo à relação do Estado e de suas políticas sociais no que respeita ao seguro social, ou seja, ao que comumente convencionou-se designar Previdência Social (Leite:1996).

Convém lembrar que a Seguridade Social compreende, além do seguro propriamente dito, a assistência e a saúde. Não quero dizer, com isso, que não adentrarei nestas searas, mas sim que o enfoque será dado, essencialmente, às questões relativas à previdência ou ao seguro social.

Far-se-á necessário, inclusive por honestidade intelectual, deixar transparentes os referenciais teóricos que irei utilizar, assim como, em contrapartida, aqueles referenciais por mim rechaçados.

Nas pesquisas que já realizei, em termos de Previdência Social no Brasil, encontrei a maioria dos estudiosos utilizando, como referencial teórico, a coesão ou solidariedade social como alavanca propulsora do sistema previdenciário.

Vejamos, ilustrando essa concepção de harmonia social, que Russomano (1990) credita a origem da Previdência Social a uma ligação entre "a poupança e a caridade".

Esta concepção, na qual a neutralidade do Estado fica implícita no discurso, aparecendo no cenário político como um agente integrador e assistencial, é defendida por outros estudiosos da Previdência Social. Feijó Coimbra, por exemplo, argumenta que: "Poder-se-ia entrever, já então, vitoriosa a concepção de que o principal fim do Estado é o bem comum da sociedade a que serve" (Coimbra, 1991:25).

No entendimento de que o sistema previdenciário nascera em virtude da "preocupação do homem com o bem-estar do seu semelhante" (Gonçalves, 1993:19), resta ocultada, por detrás desse altruísmo formal e abstrato, a realidade conflituosa e difusa em que nascem os direitos estabelecidos por qualquer sistema.

De outro modo, alguns autores vêm estudando a questão da previdência sob outra ótica bem distinta e, a meu ver, inclusive antagônica à exposta até então. É o caso, para tomarmos um exemplo concreto, dos participantes da Fundação de Economia e Estatística, exposto na obra "A Política Social Brasileira - 1930/1964 - Evolução Institucional no Brasil e no Rio Grande do Sul", editada pela própria Fundação, em 1983.

Nesta obra, os autores enfocam a questão previdenciária dentro do aporte teórico conhecido como categoria da "concessão-conquista", segundo a qual, numa ótica marxista, as políticas sociais, dentre as quais as de seguridade e assistência sociais, seriam fruto da luta dos trabalhadores (conquista) como cedência do Estado, justamente devido às pressões dos trabalhadores (concessão). Compreendem, portanto, as políticas de seguridade social dentro da categoria da concessão. O Estado, para manter ou aumentar a capacidade de reprodução dos trabalhadores, bem como resguardar minimamente a saúde destes, implementa estas políticas para manter a coesão social.[1]

Ocorre que este referencial teórico, como analisa detidamente Alejandra Pastorini (1997:92), mais especificamente, a concessão/conquista, apresenta uma ambi-

---

[1] O que fica marcado, nitidamente, em alguns momentos históricos vividos pela Previdência Social brasileira. Neste exemplo podemos citar a contemplação dos ferroviários e, logo após, dos marítimos, justamente as categorias mais organizadas no começo da década de 20. Não foi a esmo que a primeira Caixa e o primeiro Instituto, respectivamente, foram criados para estas duas categorias. Vimos, também neste sentido de arrefecer a organização das classes trabalhadoras, o governo militar, nos idos de setenta, acolher várias reivindicações dos trabalhadores rurais, que passaram a ter alguns direitos previdenciários que os obreiros urbanos já possuíam. Com isso, a farda verde-oliva ganhou mais legitimidade e desarticulou o movimento no campo, fortemente organizado naquela época.

güidade e infidelidade à realidade social, de modo que a sua aplicabilidade "pode ocasionar", segundo a autora, "certas imprecisões nas análises referidas às políticas sociais" (Idem, ibidem).

Além disso, entendo que o binômio contestado por Pastorini pode conduzir a um argumento de inevitabilidade, especialmente quando à concessão, eis que o Estado cederia em dada política pública, ficando, portanto, desprezíveis os papéis dos agentes sociais envolvidos no processo.

Pretendo, por isso, utilizar um outro referencial na análise da proposta, onde exista lugar para a contradição e estejam resguardados, dentro de uma totalidade dialética, os agentes sociais envolvidos.

Esta perspectiva, tomando emprestada a elaboração de Alejandra Pastorini, poderia ser chamada de "demanda-outorgamento", onde

> "(...) para analisar todas e cada uma das políticas sociais devemos levar em consideração o processo de demanda, luta, negociação e outorgamento, seja ele implícito ou explícito, já que de todas as formas esses elementos estão presentes no processo de elaboração, definição e implementação das políticas sociais e, portanto, cada um desses momentos deve estar presente nos estudos a eles referidos" (1997:98).

Este é, portanto, o principal referencial teórico que pretendo utilizar no decorrer do trabalho, buscando, além disso, nos atuais defensores do neoliberalismo, subsídios para o desocultamento dos interesses que regem a política previdenciária, que nem é neutra, como querem alguns dos autores que estudaremos, nem é uma conquista concedida, como entendem outros.

Se por um lado, a partir da Constituição Federal de 1988, as políticas de seguridade e assistência sociais ganharam novos incentivos, por outro, estas políticas sociais começaram a esfacelar-se a partir do governo Collor, em 1990, quando começou o processo de privatização de nossas estatais, tudo sob o discurso ideológico do término dos "marajás" do país.

Logo, nem mesmo os avanços trazidos pela Constituição de 1988, carinhosamente chamada de Constituição Cidadã, foram suficientes para frear a ditadura e intransigência da proposta neoliberal: seja porque os principais direitos, notadamente os de seguridade e assistência sociais, não foram, até o presente, regulamentados, seja pela revogação, via Emenda Constitucional, desses direitos.[2]

O conjunto da classe trabalhadora deverá, por seu turno, buscar alternativas que garantam sua independência das políticas estatais, para que não caiam, por outro lado, nos tentáculos da iniciativa privada, cujo objetivo principal é o lucro.

Pretendo, pois, demonstrar, com este estudo, a falácia dos argumentos trazidos pelo neoliberalismo, apontando algumas alternativas a este modelo.

Estas alternativas desdobram-se em dois momentos: primeiro, a democratização e transparência de nossa Previdência Social pública e, segundo, a criação de pequenos institutos autogestionários, organizados e mantidos pelos próprios trabalhadores.

---

[2] No primeiro caso, encontramos o exemplo típico do Amparo Assistencial, benefício este concedido às pessoas idosas ou portadoras de deficiência que não possam prover suas subsistências, ou tê-las providas por outrem. Isto porque, embora a Lei nº 8.742/93 tenha assegurado o referido benefício, o critério econômico estabelecido na referida lei, de de renda *per capita* pela família, retira dos usuários em potencial qualquer possibilidade de habilitar-se a este. Este fato, por incrível que possa parecer, conduziu a uma situação inusitada: o governo federal possui a verba para a concessão do benefício mas não existem pretendentes ao referido.

1. As políticas de seguridade social no capitalismo

1.1. No liberalismo clássico

Primeiramente, penso ser de fundamental importância, ao estudo proposto, demonstrar uma questão pontual, qual seja o enfrentamento das concepções liberais clássicas com as (neo)liberais vigentes, de modo a fundamentar meu entendimento de que, estas são mais retrógradas em relação aos precursores do liberalismo clássico.

Parece que o neoliberalismo, tal como hoje se nos apresenta, traz em si algo de velho, já encontrado nas concepções de Malthus, Spencer, dentre outros, mas também inova em suas pregações.[3]

Merquior (1997:194) enfoca, no final de sua obra "Liberalismo: viejo y nuevo", os principais traços do liberalismo clássico, possivelmente ampliados pelo Estado do Bem-Estar que se sucedera:

> "El nuevo liberalismo de 1880 o 1900 constaba de tres elementos esenciales: la insistencia en la libertad positiva, la preocupación por la justicia social y el deseo de sustituir la economia del *laissez-faire*.

---

[3] Neste sentido, visando a aclarar esta controvérsia, é imprescindível a leitura de *Liberalismo: viejo y nuevo*, de José Guilherme Merquior, México : Fondo de Cultura Económica, 1993.

Previdência e Neoliberalismo

Este conjunto de objetivos y supuestos nuevos condujo a una nueva visión política liberal, a la vez que las viejas afirmaciones en torno a los derechos individuales habían creado espacio para más demandas igualitarias. En el periodo de entreguerra, ese liberalismo modificado vio su vida alargada gracias a pensadores de gran influencia como Kelsen y Keynes."[4]

Já no neoliberalismo, expressão esta encontrada entre aspas, temos demarcada outra posição, sendo que

"En contraste con esto, el mensaje de los 'neoliberalismos' triunfantes alrededor de 1980 era muy diferente. Los neoliberales hayekianos tiendem a desconfiar de la libertad positiva como licencia para el 'constructivismo', piensan que la justicia social es un concepto sin sentido, abogan por el regreso al liberalismo y recomiendan un papel mínimo para el Estado". (Idem, p. 194-195)[5]

Meu interesse, dada a temática de meu trabalho, é adentrar nas políticas sociais, especialmente as de seguridade, enfocando o Estado como seu maior incentivador. Por isso, penso ser necessária uma pequena incursão nos principais pensadores liberais, até mesmo para que possamos fazer um contraponto com o pensamento neoliberal.

---

[4] "O novo liberalismo de 1880 ou de 1900 apresentava três elementos essenciais: a insistência na liberdade positiva, a preocupação pela justiça social e o desejo de substituir a economia do *laissez-faire*. Este conjunto de objetivos e novas configurações conduziu a uma nova visão política liberal, uma vez que as velhas afirmações em torno dos direitos individuais haviam criado espaço para outras demandas igualitárias. No período de entreguerra, esse liberalismo modificado viu sua vida alargada graças a pensadores de grande influência, como Kelsen e Keynes" (tradução livre).

[5] "En contraste com este, a mensagem dos 'neoliberalismos' triunfantes em torno de 1980 era muito diferente. Os neoliberais hayekianos tendem a desconfiar da liberdade positiva como licença para o 'construtivismo', pensam que a justiça social é um conceito sem sentido, defendem o retorno ao liberalismo e recomendam um papel mínimo para o Estado" (tradução livre).

Desse modo, começamos pelo principal organizador das idéias liberais, ou seja, Adam Smith, cuja sistematização do pensamento encontramos em sua célebre obra "Inquérito sobre a natureza e as causas da riqueza das nações", escrita em 1776.

Parece evidente que Smith (1989:333) admite a intervenção do Estado na manutenção das "instituições públicas e dos serviços públicos necessários para a defesa da sociedade e para a administração da justiça", além de justificar a presença do Estado na tarefa de instruir o povo, criando "instituições de instrução".[6]

Mesmo se tomarmos o individualismo coletivista de John Stuart Mill (1806-1873), encontraremos uma defesa da intervenção do Estado, na implementação de políticas sociais, quando os recursos morais "estivessem ausentes ou requeressem estímulo" (Bellamy, 1994:53).

Tomando outro exemplo liberal, na figura de Alfred Marshall (1842-1924), notadamente em sua principal obra, "Princípios de Economia", encontramos a preocupação deste economista com a situação dos pobres e sua condição social.

Marshall, fundador da Escola de Economia de Cambridge, reconhece os problemas trazidos pela má alimentação da população mais pobre, cuja "pobreza constituye su peor enemigo" (1957:4), situação esta que se aprofunda quando enfermos, pois "la pobreza viene a agravar sus sufrimientos" (idem).

---

[6] Em que pese não ter encontrado, nesta obra específica, nenhuma passagem dedicada ao pensionamento ou aposentadoria da população, parece que o trecho que segue revela, em suas entrelinhas, a função do soberano (ou do Estado) nesse mister: "o terceiro e último dever", diz Smith, "do soberano, é a criação e a manutenção daqueles serviços e instituições que, embora possam ser altamente benéficos para uma sociedade, são todavia, de uma natureza tal que o lucro jamais poderia compensar a despesa para qualquer indivíduo ou pequeno número de indivíduos, não se podendo, portanto, esperar a sua criação ou manutenção por parte de qualquer indivíduo ou pequeno número de indivíduos. A concretização deste dever exige despesas de variadíssimos graus nos diferentes períodos da sociedade" (Idem, p. 333).

Previdência e Neoliberalismo

Tecendo uma dura crítica à concepção de Aristóteles, acerca da escravidão, entendida por este filósofo como um mal necessário que faria parte da natureza humana, argumenta:

"La esclavitud fué considerada por Aristóteles como una imposición de la Naturaleza, y probablemente pensasen igual los mismos esclavos de la antiguedad. La dignidad del hombre fué proclamada por la religión cristiana; há sido mantenida con vehemencia creciente durante los últimos cien años; pero sólo con la mayor difusión de la educación en los últimos tiempos empezamos a comprender, el fin, el verdadero sentido de dicha frase, investigando a fondo sobre si es necesaria, en realidad, la existencia de las llamadas *clases bajas*; es decir, si es necesario que haya grandes masas de gentes condenadas desde el nacimiento hasta la muerte a un duro trabajo, para proporcionar, con su esfuerzo, a otras los requisitos de una vida culta y refinada, mientras que ellas se ven imposibilitadas por su pobreza y rudo trabajo para disfrutar de una parte de esa misma vida". (Marshall, 1957:5)[7]

No Capítulo XII, desta mesma obra, onde trata das influências gerais do progresso econômico, em nota de rodapé explicativa, na página 586, Marshall defende que o Estado poderia lançar-se a uma administração mais

---

[7] A escravidão foi considerada por Aristóteles como uma imposição da Natureza e, provavelmente, pensassem igual os mesmos escravos da antigüidade. A dignidade do homem foi proclamada pela religião cristã; tem sido mantida com veemência crescente durante os últimos cem anos; mas só com uma maior difusão da educação nos últimos tempos começamos a compreender, por fim, o verdadeiro sentido desta frase, investigando a fundo se é necessária, na realidade, a existência das chamadas *classes baixas*; ou seja, se é necessário que haja grandes massas de gentes condenadas desde o nascimento até a morte a um duro trabalho, para proporcionar, com seu esforço, a outras os requisitos de uma vida culta e refinada, enquanto que elas se vêm impossibilitadas, por sua pobreza e trabalho rude, a desfrutar de uma parte dessa mesma vida" (tradução do autor).

ampla, que fosse educativa e generosa para com os desvalidos. Para fazer frente às discriminações, aconselha que as autoridades invistam nas pessoas que são deficientes, especialmente quando estas possuam prole. Este autor fala, explicitamente, na ajuda estatal às pessoas em idade avançada, tendo em vista a gravidade da situação em que se encontram. Insiste, mais uma vez, no dispêndio de maiores recursos públicos quando estas pessoas possuam filhos. Vejamos, dada a importância desta passagem, suas próprias palavras:

> "Podría ayudarse a las personas de edad avanzada teniendo en cuenta sus inclinaciones personales. Pero el caso de los que tienen niños a su cargo exigiría un gasto mayor de fondos públicos y una subordinación más estricta de la libertad personal a la necesidad pública. El paso más urgente para acabar con el *residuo* es insistir en que los niños vayan a la escuela, con regularidad, vestidos decentemente y que vayan limpios y bien alimentados. (...) El gasto sería grande, pero no existe necesidad más urgente. Haría desaparecer ese cáncer que corroe todo el cuerpo de la nación, y cuando el trabajo estuviese hecho, los recursos absorbidos por el mismo quedarían libres para destinarlos a alguna outra necesidad social, que sería quizá más agradable que ésta, pero indudablemente menos urgente". (Marshall, 1957:586)[8]

---

[8] "Poderiam ajudar-se as pessoas de idade avançada, levando em consideração as suas inclinações pessoais. Este é o caso dos que têm filhos em sua guarda, que exige um gasto maior dos fundos públicos e uma subordinação mais estrita de sua liberdade pessoal à necessidade pública. O passo mais urgente para acabar com esse *resíduo* é insistir em que os filhos vão à escola, com regularidade, vestidos decentemente, e que vão limpos e bem alimentados. (...) O gasto seria grande, mas não existe necessidade mais urgente. Faria desaparecer esse câncer que corrói todo o corpo da nação, e quando o trabalho tiver sido feito, os recursos absorvidos por este ficariam livres para destiná-los a outra necessidade social, que seria talvez mais agradável que esta, mas indubitavelmente menos urgente" (tradução do autor).

De outro modo, gostaria de externar meu espanto com relação ao estudo feito na obra clássica hegeliana, "Princípios da Filosofia do Direito", publicada em 1821, no que respeita ao posicionamento deste respeitável filósofo com relação ao objeto de nosso estudo. Ninguém duvida de que esta obra, em particular, propõe as premissas para a construção do Estado moderno e do neoliberalismo vigente.

O que me chamou a atenção e me causou espanto é a proximidade do pensamento de Georg Wilhelm Friedrich Hegel (1770-1831) com os postulados do neoliberalismo atual, distanciando-se, a meu ver, do liberalismo clássico, conforme analisamos no presente tópico.

Hegel não desconhece que alguns indivíduos miseráveis possam desagregar-se totalmente da sociedade, perdendo seus referenciais sociais e subjetivos (1997: 206), admitindo que deve existir um comprometimento da coletividade para com estes (idem, p. 207).

Estas lacunas, na concepção de Hegel, deverão ser preenchidas não pelo Estado, mas pelas entidades beneficentes e assistenciais privadas. Quanto ao Estado, dever ser considerado tanto mais perfeito, em comparação com o que está assegurado de modo universal, quanto menor for a parte que se abandona à iniciativa do indivíduo e à sua opinião particular. Parece que o Estado Menor, a que se refere o pensador alemão, não dista muito do Estado Mínimo apregoado pelos apóstolos do neoliberalismo.

A receita para o problema da miséria e da pobreza, ou para a preguiça da plebe, como preferem alguns, aparece sutilmente nas entrelinhas do pensamento de Hegel, cuja solução do problema é bem concreta:

> "O meio que se revelou mais eficaz contra a pobreza, bem como contra o desaparecimento da honra e do pudor, bases subjetivas da sociedade, e contra a preguiça e a dissipação da sociedade que originam

a plebe, foi, sobretudo na Escócia, abandonar os pobres ao seu destino e entregá-los à mendicidade pública" (Hegel, 1997:209).

Parece que não é muito diferente o entendimento atual do neoliberalismo, quando apregoa que o Estado não pode intervir no auxílio dos mais pobres, tendo em vista que esta prática, além de envolver "gastos" volumosos, tornará os pobres acomodados e improdutivos.

Voltaremos a abordar o ponto de vista neoliberal no item 2.3, quando adentraremos nesta questão propriamente dita.

1.2. No estado do bem-estar social

Entendo pertinente, num primeiro momento, situar histórica e politicamente o que se denominou de Estado do Bem-Estar Social ou *Welfare State*. Parece consenso que seu marco inicial data de após o *crash* de 1929, quando, por uma superprodução do setor industruial, ocasionando, conseqüentemente, uma falta de consumidores, o capitalismo entrou em crise.

O traço característico deste novo modelo econômico-social reside na função do Estado como propulsionador do desenvolvimento social, não importando que, para isso, o Estado se endivide cada vez mais. Como observa Hobsbawm (1995:267), "daí em diante o mercado teria de ser suplementado pelo esquema de planejamento público e administração econômica", de modo que as inúmeras funções criadas por ele gerassem o tão desejado "pleno emprego".[9]

---

[9] Exemplo típico do *New Deal* norte-americano, onde o Estado, no começo da década de 30, assumiu as orientações keynesianas, criando frentes de trabalho as mais diversas, obras públicas etc., visando à absorção da mão-de-obra desempregada, o que aumentou, conseqüentemente, a demanda efetiva, eis que houve uma melhora do poder aquisitivo dos cidadãos.

Ora, em que este modelo de Estado me diz respeito, tendo em vista meu objeto de estudo, qual seja o das políticas públicas, notadamente no que respeita à seguridade social?

Talvez possa afirmar que a principal pilastra que manteve o Estado do Bem-Estar Social até os idos de 1973, foi o investimento nas políticas sociais, seja quando prima pela redistribuição de renda, seja quando assegura aos trabalhadores um mínimo de dignidade, com os direitos trabalhistas e previdenciários garantidos.[10]

Não esqueçamos, porém, que os assim chamados "Anos Dourados" ou "Era de Ouro", não atingiram os países pobres do Terceiro Mundo (Hobsbawm, 1995: 255), tendo sido um "privilégio" dos países desenvolvidos.[11]

Paul Singer faz uma análise interessante sobre a defesa dos direitos mais elementares da classe trabalhadora, dizendo que

> "O Estado do Bem-Estar Social foi idealizado e implantado para servir à maioria da população, mas agora transformou-se em algo que serve a uma minoria. Portanto, direitos que foram universais ou pretendiam sê-lo, viraram privilégio. O movimento operário (partidos, sindicatos) procura se opor a esta tendência e defende os direitos conquistados em épocas anteriores. Politicamente, porém, trata-se de uma receita para a derrota. Como esses direitos já estão fora do alcance da maioria, sua defesa

---

[10] Observa Singer (1997:132, *In: Gadelha et al.*) que "grande parte da população pertencia à classe trabalhadora. Na Inglaterra, na França, na Alemanha, nos EUA, 70% a 80% da população economicamente ativa eram pessoas que tinham empregos cobertos por uma legislação trabalhista protetora e estavam inscritas em amplos programas de Previdência Social".

[11] O que não impede, a meu ver, que alguns reflexos dessa política do Estado do Bem-Estar tenham-se feito sentir nos países pobres. Foi o que aconteceu quando da elaboração de nossa Constituição de 1988, que resguardou vários direitos sociais (cf. Capítulo II, item 2.3).

se assemelha, cada vez mais, a uma luta para preservar privilégios" (*In:* Gadelha, 1997:133)

O que antes era bandeira de luta e questão pontual em qualquer discussão, tornou-se, com o neoliberalismo, uma defesa infrutífera e estéril, face à ditadura imposta pelo pensamento e prática neoliberais.[12]

E aqui cabe uma reflexão fundamental: enquanto no Estado do Bem-Estar Social havia lugar para as práticas vinculadas às políticas de seguridade social, notadamente aquelas que protegiam os menos favorecidos, que não possuíam contribuição previdenciária, na concepção neoliberal não há espaço para estas políticas.

Em síntese, como o Estado, ao contrário do modelo proposto por Keynes, poderá assumir estes gastos sociais, se justamente dele deve partir o exemplo maior, de economizar e ajustar suas contas?[13]

Na lógica liberal, portanto, o Estado investia e gastava, deliberadamente, nos programas de seguridade e assistência sociais, o que lhe dava uma certa legitimidade por parte de seus cidadãos. Já nas políticas neoliberalizantes, constata-se a "mercantilização dos bens sociais" (Laurell, 1997:155).

No caso dos países latino-americanos, concordo com Laurell (1997:159) quando afirma que muitos destes países, antes da panacéia neoliberal, já tinham adentrado em algumas políticas típicas do Estado do Bem-Estar. Prova disso é o fato de os direitos sociais e de a própria seguridade serem gestionadas pelo Estado.

---

[12] Concordo com alguns pensadores, a exemplo de Boaventura Santos, que entende ser este movimento autoritário e não-hegemônico, uma vez que não existe lugar para outro pensamento senão o esposado pelo neoliberalismo.

[13] Acredito que o Governo FHC tenha seguido à risca esse receituário, o que explica a substituição da Renda Mensal Vitalícia pelo Amparo Assistencial (Lei nº 8.742/93), de modo que tornou inacessível, sob o ponto de vista prático, o acesso ao referido auxílio. Esse sofisma foi denunciado em meu artigo intitulado "Da Renda Mensal Vitalícia ao Amparo Assistencial: alguns questionamentos", publicado na *Revista de Previdência Social*, LTr., abril/98.

É interessante observar, todavia, que o receituário neoliberal, notadamente as políticas privatizantes, emanadas dos países desenvolvidos, não se aplicam fora de seus territórios. Pelo menos não da mesma maneira com que foram conduzidas nos países periféricos. Este caso é típico da Inglaterra, a pioneira neste processo, onde os cidadãos foram incentivados a comprar as ações das empresas públicas, havendo um rígido controle no processo de privatizações, não perdendo, o Estado, o controle destas. O mesmo sucedeu-se na Alemanha de Kohl, na Itália e nos demais países europeus que passaram a adotar estas políticas.[14]

Por isso explica-se por que "nos Estados Unidos, a renda primária de pouco mais de 40% da população depende do setor público. Em alguns países europeus, esta percentagem chega a 65%" (Sader, 1998:46/47).

Segundo Perry Anderson (1998:16), muito embora fossem tomadas várias medidas para a contenção dos gastos sociais, não foi isso, pelo menos na prática, que ocorreu:

"Por fim, ironicamente, quando o capitalismo avançado entrou de novo numa profunda recessão, em 1991, a dívida pública de quase todos os países ocidentais começou a reassumir dimensões alarmantes, inclusive na Inglaterra e nos Estados Unidos (...) atualmente, com a recessão dos primeiros anos da década de 90, todos os índices econômicos tor-

---

[14] Por ironia ou desgraça, no caso brasileiro ocorreu o inverso do processo: o Estado, a partir do Governo Collor, saneou as empresas públicas, financiou ou perdoou seus débitos, operacionalizou, por sua conta, a demissão dos funcionários que desejassem, "voluntariamente" aderir aos programas de demissão e, como se não bastasse, vendeu as empresas estatais, a troco de nada, recebendo moedas podres e parcelando o saldo em até doze anos. Segundo Biondi (1999:41), o valor arrecadado pelo governo foi de 85,2 bilhões, enquanto o "dinheiro que não entrou ou saiu" remonta a 87,6 bilhões, isto sem considerar o que foi gasto para sanar as empresas estatais antes de entregá-las à iniciativa privada. Indiscutivelmente, um ótimo negócio para os seus compradores.

naram-se muito sombrios nos países da OCDE, onde, presentemente, há cerca de 38 milhões de desempregados..."

Nos países latino-americanos, em especial no Brasil, onde a sociedade civil não se encontra minimamente organizada, o que, em tese, poderia frear o avanço das políticas privatizantes, o capitalismo despatriado ganha novos terrenos. E, quiçá por ironia ou sabedoria dos países ricos, foram justamente algumas das empresas estatais (deles, obviamente) que compraram nossas empresas estatais recentemente privatizadas.

Ora, se o Estado do Bem-Estar aparecia como um apaziguador dos conflitos sociais, de modo que redistribuía algumas benesses e acatava algumas das reivindicações das classes trabalhadoras, como bem observou Faleiros (1995:23), o que ocorrerá daqui para frente, especialmente nos países pobres, onde os poucos direitos que tinham os trabalhadores foram jogados para o ralo da iniciativa privada? Como ocorrerá, a partir desse marco, o enfrentamento de classes no jogo do capital, tendo em vista o enfraquecimento e desmantelamento de nossos sindicatos e associações profissionais? E mais: que interesse - poder, recursos, etc. - terá o chamado Estado Mínimo, de implementar as políticas sociais, especialmente as que dizem respeito a seguridade e assistência sociais, uma vez que não possui mais nenhuma vantagem de mantê-las, e estas passam a obedecer à lógica do mercado e da livre concorrência?

Estas, e outras questões que julgo relevantes, é que proponho analisar, em busca de alternativas, diante da continuidade desse processo privatizante que, certamente, encontrará na privatização dos seguros sociais uma resposta à vontade voraz e incontrolável dos capitalistas em abarcar justamente a parcela mais rentável no sistema: as contribuições previdenciárias acima de determinada faixa contributiva.

Por isso, visando a entender esta lógica perversa, é que dediquei um capítulo em particular à analise do modelo liberal, do Bem-Estar Social e, por fim, do Neoliberalismo vigente.

1.3. No neoliberalismo

Antes de adentrar no posicionamento neoliberal, gostaria de explicitar o porquê deste estudo acerca dos postulados neoliberais e suas seqüelas junto à Seguridade Social.

Primeiramente, é forçoso reconhecer que os apologistas neoliberais à brasileira, personificados e representados pela figura de Roberto Campos, visitaram - ou coabitaram - com pelo menos três pensadores neoliberais, a saber: Ludwig Von Mises, Milton Friedman e Friedrich August Von Hayek.

Desse modo, julgo ser imprescindível, para a compreensão de toda pregação advinda com o neoliberalismo, uma breve análise destes três pensadores sociais.

Antes, contudo, de fazer esta abordagem, que tem como ponto de referência os três autores acima referidos, parece-me não ser por demais uma pausa na própria gênese deste movimento.[15] Há autores, como Anderson (1995), para quem o movimento neoliberal teve seu marco inicial na reunião convocada por Hayek, na Suíça, em 1947, na estação de *Mont Pèlerin*. Para outros, antes mesmo desse importante encontro, houve, em 1938, o chamado "Simpósio Lippmann", onde a

---

[15] Sobre o movimento neoliberal, sua origem e desenvolvimento, impossível deixar de citar o artigo de Alceu R. Ferraro, intitulado "O movimento neoliberal: gênese, natureza e trajetória", *In: Sociedade em Debate*, n. 4, dez./97. Neste, Ferraro demonstra que o neoliberalismo é um movimento extremamente organizado, que busca o retorno do *laissez-faire* do século XIX, preconizando o livre mercado e a não-interferência do Estado nos setores de produção e distribuição, rechaçando o liberalismo que, no século XX, tomou a forma do Estado de Bem-Estar, baseado no pensamento de Keynes.

pregação do livre mercado e o antiestatismo ficou bem delimitado (Ferraro, 1997).

Não é demais lembrar que, após a Grande Depressão de 1929, o capitalismo cedeu espaço às políticas keynesianas, tão detestadas pelos neoliberais. Isto porque os movimentos de esquerda (socialismo/comunismo) e de direita (fascismo/nazismo) eram muito fortes, além do que não havia um contexto adequado à aceitação da pregação neoliberal, nem mesmo entre os neoliberais. Como observa Hobsbawm, "por isso a reação contra ele, dos defensores teológicos do livre mercado, seria tão apaixonada nas décadas de 1970 e 1980, quando as políticas baseadas nesse casamento já não eram salvaguardadas pelo sucesso econômico" (1995:265/266).

Concordo com Ferraro quando analisa que

"A onda neoliberal não é, portanto, nem uma variante, nem produto final de um desenvolvimento continuado do ideário liberal. Muito pelo contrário, o neoliberalismo é resultado de um longo período de crise do mundo capitalista e de desgaste do ideário liberal. Ele representa, por um lado, uma *reação* contra as novas concepções e propostas que abriram caminho para o planejamento econômico, o Keynesianismo e as políticas de bem-estar social, e por outro, a afirmação explícita de *retorno* às idéias e ideais que nortearam a grande expansão industrial no século XIX". (1997:41) (grifado no original).

Como vem demonstrando Ferraro (1999), a semente do neoliberalismo já era encontrada em Spencer e em Malthus, muito embora seus posicionamentos reacionários tenham perdido o embate para outros liberais, resultando o Estado do Bem-Estar Social. Por isso, o neoliberalismo não é tão novo quanto se anuncia, muito embora traga uma força de reação, por isso reacionária, aos postulados liberais clássicos.

De outra feita, direcionarei meu enfoque para as questões atinentes a previdência e seguridade social, uma vez que este é meu objeto de estudo. Isso porque os que penso serem "doutrinadores", os neoliberais anteriormente identificados, trabalharam diversas facetas da ciência política, muito embora sejam, todos, economistas por formação.[16]

Começarei esta incursão com Ludwig Von Mises (1881-1973), autor pouco conhecido ao qual, talvez por esse fato, ainda não se dê a importância que julgo devida.

Pretendo trabalhar com quatro obras deste autor, quais sejam: "Ação Humana - um tratado de economia" (1995 c), que julgo ser a mais importante; "Uma Crítica ao Intervencionismo" (1995 b), "A Mentalidade Anticapitalista" (1997) e "As Seis Lições" (1995 a). Esta última, na verdade, é fruto de uma coletânea de palestras que Von Mises realizou na Argentina, em 1958, organizada posteriormente por sua esposa, Margit Von Mises.

Este autor, que marcou sobremaneira meus estudos pelas idéias antimarxistas e não-intervencionistas esboçadas em sua obra, organizou alguns dos principais pensamentos que iriam nortear o trabalho dos outros dois economistas sociais que irei abordar: Friedman e Hayek.[17]

Von Mises era um ferrenho opositor ao Estado Assistencial ou de Bem-Estar, atribuindo a este a Grande Depressão de 1929. Também considerava como maléficios a intervenção do Estado na planificação da economia e no atendimento às demandas sociais.

---

[16] Friedman e Hayek foram ganhadores do Prêmio Nobel de Economia, enquanto Von Mises foi o principal expoente da "Escola Austríaca" de Economia.

[17] Não é demais lembrar que esse trio começou a reunir-se regularmente, a partir da agenda montada em Mont Pèlerin, na Suíça, em 1947, no intuito de fazer oposição sistemática e radical ao Estado de Bem-Estar que se implantara com as idéias keynesianas.

É responsabilidade dos governos e dos sindicatos, a seu ver, o desemprego e a alta dos salários. "Contudo", diz Von Mises, "se houver liberdade para empresários e capitalistas, não teremos nunca o desemprego permanente e em larga escala" (p. 35), sendo que "os sindicatos e o seguro-desemprego estão mantendo os níveis salariais mais altos do que os que seriam determinados pela ação do mercado" (Idem, Ibidem).

O mercado, aliás, passa a ser o novo - e velho - referencial para todas as ações. Logo, as desigualdades sociais não são somente naturais, mas devem ser incentivadas.

Parece que aqueles três pensadores possuem estes pontos em comum: apologia ao livre mercado, não-interferência, do Estado na economia e liberdade como sinônimo de individualismo sem limites ou imposições externas. Mas, voltemos a Von Mises e à sua análise sobre a pobreza e as funções do Estado frente aos problemas sociais, onde encontraremos, no capítulo XXXV de sua obra maior, "Ação Humana" (1995 c), subsídios significativos para a compreensão do enfoque neoliberal vigente.

Neste capítulo, intitulado sugestivamente de "Estado Provedor *versus* Mercado", acredito que Von Mises segue os passos de Malthus, quando formula o seguinte enunciado: "A fraqueza intrínseca desse tipo de sociedade reside no fato de que um aumento na população resulta num empobrecimento progressivo" (Von Mises, 1995:840).

Seguindo a mesma lógica utilizada para explicar o desemprego e a crise de 1929, o autor vaticina: "Não existem pessoas que, embora estejam dispostas a trabalhar, não consigam emprego por falta de espaço para elas no sistema social de produção" (Idem, p. 841).

Logo, a miséria e a pobreza não são conseqüências do capitalismo, mas sim, inversamente, da falta deste. Por isso, a miserabilidade humana não é uma condição social, mas uma opção escolhida por muitos, pois, "quem puder e quiser trabalhar não será um miserável" (Idem, Ibidem).

Ora, mas o que fazer com uma considerável parcela da população formada por idosos e inválidos que não podem, efetiva e materialmente, trabalhar?

Esta é a resposta de Von Mises:

"O problema dos incapacitados é um problema específico da civilização humana e da sociedade. Animais mais aleijados morrem logo; de fome ou nas garras dos adversários de sua espécie. O homem selvagem não se apiedava dos inválidos; muitas tribos praticavam métodos brutais e extermínio, aos quais os nazistas recorreram no nosso tempo. A própria existência de um número relativamente maior de inválidos é, por mais paradoxal que pareça, um traço característico da civilização e do bem-estar material" (Idem, p. 842).

Acredito que mereça um exame mais detalhado este parágrafo, tamanhos os subsídios que nos oferece para que se tenha uma perfeita compreensão do discurso e da prática neoliberais.

A questão das desigualdades sociais aparece como um dado inquestionável e, *per si*, louvável. A pobreza e a miserabilidade humana, materialmente falando, passam, aos olhos deste autor, como algo natural e imutável. Em outras palavras, sempre existiram e existirão inválidos, pobres e portadores de deficiências que a natureza termina por eliminar da face da terra.

Parece-me que está presente neste tipo de análise muito do spencerianismo social,[18] ou seja, não há lugar

---

[18] Como bem explica o Professor Alceu Ferraro, justificando essa terminologia, "o que se denomina *darwinismo social* tem sua origem mais em Herbert Spencer do que em Charles Darwin, ou pelo menos em ambos". (...) "Como o que vingou foi o termo *darwinismo* social e não *spencerismo* social, parece haver uma tendência a inverter a relação entre Darwin e Spencer neste particular (...)"(Ferraro, 1999:23).

para todos no mundo, mas os mais aptos e fortes conseguirão sobreviver e, conseqüentemente, os mais fracos sucumbirão.

O Estado, neste contexto, deverá desempenhar algum papel ativo, no auxílio aos menos afortunados? Para Von Mises, a caridade-sistema deve ser totalmente abolida. Seja porque torna os pobres dependentes das esmolas e, conseqüentemente, sem nenhuma vontade de trabalhar; seja porque "o indigente não tem nenhum direito legal à generosidade com que é tratado" (Von Mises, 1995:843).

Mas o crescimento do capitalismo resolveria esta questão, porque

> "quanto mais o capitalismo progride e a riqueza aumenta, mais suficientes se tornam os recursos empregados na caridade. Por um lado, as pessoas estão mais dispostas a fazer doações, à medida que seu próprio bem-estar aumenta. Por outro lado, o número de necessitados diminui concomitantemente" (Idem, p.842/843).

Historicamente, entretanto, não foi isso que ocorreu, mas sim o inverso: quanto mais se amplia o capitalismo, maior é a exploração e, por mais desenvolvida que seja a sociedade capitalista, ainda assim encontraremos a pobreza de parcelas significativas dessa sociedade.

Mas, se ao Estado não cabe a solução, mediante a instituição de políticas públicas e sociais, como resolver essa questão?

A meu ver, Von Mises introduz em sua análise um importante elemento, para responder à questão acima formulada, qual seja, a garantia de uma renda mínima, no futuro, mediante um plano de captação junto à iniciativa privada. Assim, ele afirma: "Mesmo para quem tem apenas uma renda modesta, existe a possibilidade, por meio de poupança e de seguros, de prover-se para o caso de acidentes, doenças, velhice, educação dos filhos e manutenção de viúvas e órfãos". E acrescenta: "É muito provável que os fundos das instituições de caridade teriam sido suficientes nos países capitalistas, se o intervencionismo não tivesse sabotado as instituições essenciais da economia de mercado" (Idem, p. 843).

Acredito que esta passagem traz em si o germe da prática neoliberal vigente, quando apregoa a privatização do sistema de seguridade social brasileiro.

A idéia presente é a do individualismo, devido ao qual o mercado também passa a regular a vida futura daqueles que não mais podem vender suas forças de trabalho, seja por motivo de incapacidade, doença temporária, invalidez permanente, etc.

Percebe-se, lendo e relendo Von Mises, que o liame da solidariedade, norteador dos modernos sistemas de previdência e seguridade social, onde o risco é dividido com toda a sociedade, não tem assento no modelo por ele proposto.

Esta questão, de previsão e provisão do futuro, termina no ralo comum das leis do mercado: quem pode, paga, compra seu plano de previdência; os demais, a própria natureza encarrega-se de fulminá-los.[19]

Von Mises justifica, contudo, seu posicionamento, aduzindo duas razões basilares: uma primeira, os menos abastados não possuem nenhum direito de serem mantidos pelo Estado; e segunda, o dinheiro utilizado pelo Estado na criação de estradas, incentivos públicos, gastos, etc., foram sempre resultantes da captação dos recursos vertidos pelos cidadãos através do pagamento dos impostos ou da própria Previdência.

---

[19] Milton Friedman, como veremos a seguir, no capítulo XI de seu panfleto, "Capitalismo e Liberdade", dedica um subtítulo designado "Velhice e seguro para os sobreviventes", onde, já no primeiro parágrafo, chama o "seguro social" vigente nos EUA de tirânico, propondo, no mesmo sentido que Von Mises, a compra de plano privados.

Logo, argumenta que o numerário das contribuições previdenciárias seriam mais bem gestionados e renderiam mais se canalizados para a seara da iniciativa privada.

Milton Friedman, por sua vez, aprofunda essa concepção estudada, fornecendo maiores detalhes sobre a privatização do sistema previdenciário.

Deste autor americano, estudei basicamente duas obras, quais sejam, o seu panfleto, que o tornou conhecido mundialmente, intitulado "Capitalismo e Liberdade" (1988) e "Liberdade de Escolher – o novo liberalismo econômico" (1980). Esta primeira obra foi resultante de palestras proferidas por Milton Friedman, em meados de 1956, nas quais a preocupação do autor era discutir a função do "capitalismo competitivo". Por "capitalismo competitivo" entende "a organização da maior parte da atividade econômica por meio da empresa privada operando num mercado livre – como um sistema de liberdade econômica e condição necessária à liberdade política" (Friedman, 1988:13).

Na verdade, esse capitalismo nada mais é do que o império do mercado, onde os indivíduos cooperariam entre si, e a coerção não seria ditada por nenhum governo ou Estado, mas sim pela impessoalidade do mercado.

No começo do Capítulo I, da referida obra, intitulada "Relação entre liberdade econômica e liberdade política", justamente porque condiciona esta liberdade àquela, Friedman aduz que os cidadãos deveriam ter a opção de escolher seus planos de aposentadoria, não tendo direito, o Estado, de impor a obrigatoriedade das contribuições compulsórias (Idem, p. 18).

No final do Capítulo II, Friedman discute o "Papel do Governo Numa Sociedade Livre", dando 14 atividades em que o Governo e o Estado, como um todo, não poderão intervir.

Previdência e Neoliberalismo

Segundo esta lista que, conforme observa, está longe de estar completa, encontraremos alguns tópicos bastantes atuais, dentre os quais o não-incentivo à agricultura, o estabelecimento de tarifas de exportação e importação, o controle dos preços dos aluguéis, o estabelecimento do salário mínimo, o controle público dos meios de comunicação e a cobrança pública do pedágio nas estradas. Além destes, merece um enfoque especial o tópico que se refere aos programas de seguro social, em que o autor critica:

> "Os programas sociais de seguros, especialmente os que envolvem a velhice e a aposentadoria, obrigando as pessoas a: a) gastar uma fração estabelecida de sua renda na compra de uma anuidade de aposentadoria; b) comprar a anuidade de uma empresa pública" (Idem, p. 40).

Veja-se que a idéia do seguro privado ganha maiores detalhes no tópico "Velhice e seguro para os sobreviventes" (p. 163), da referida obra, onde o autor combate o paternalismo e a tirania do Estado, segundo suas palavras.

Segundo Friedman, "cada pessoa poderia ser solicitada a pagar sua própria anuidade; deveria ser permitido aos indivíduos comprar uma anuidade de firmas privadas" (Idem, p. 164). Isso porque o imprevidente não é somente um problema social para si, mas também, diria, para a sociedade que paga, em última análise, essas quotas do seguro. Logo, "obrigá-lo a comprar uma anuidade fica justificado não pelo seu próprio bem, mas pelo bem de todos nós" (Idem, p. 168).

Mais uma vez, tal como na concepção de Von Mises, o risco e os elos da solidariedade sociais restam desaparecidos, dando lugar ao individualismo, onde pouco importa se existem cidadãos que não podem prover suas subsistências, quando inválidos ou em idade avançada – o que não deixa de ser uma invalidez presumida.

Para Friedman, portanto, a compra de mensalidades e quotas do seguro, de empresas privadas, é parte da recuperação da liberdade política que todo cidadão deve ter, sendo condenada, no seu entendimento, a intervenção do governo para contornar os problemas sociais advindos com a pobreza e a miséria.

Assim como Von Mises, Friedman critica o recebimento de benefícios públicos como direito, afirmando que

> "As medidas de seguro social foram postas em prática para tornar o recebimento de assistência uma questão de direito eliminar a necessidade de assistência direta. Milhões recebem hoje os benefícios do seguro social. No entanto, as listas de auxílio aumentam cada vez mais, bem como as importâncias gastas em assistência direta" (Idem, p. 179).

Em sua obra "Liberdade de escolher: o novo liberalismo econômico" (1980), livro este posterior ao "Capitalismo e Liberdade", Friedman fornece melhores detalhes de sua compreensão privatista, no que se refere à Previdência Social.

Friedman intitula o programa de Previdência Social desenvolvido nos EUA como paternalista e insatisfatório, uma vez que

> "Os beneficiários reclamam que o que recebem é insuficiente para manter o padrão de vida que foram levados a esperar. Os que pagam as contribuições queixam-se de que elas constituem um pesado ônus" (Friedman. 1980:109).

Além destas constatações, notórias e arraigadas no senso comum, Friedman alega que a carga excessiva de impostos poderia servir para a criação de empregos, se estes fossem menores.

Todas estas constatações, aliadas à crítica de que "os trabalhadores que hoje pagam contribuições não têm garantia de fundo algum de que receberão benefícios quando se aposentarem" (Idem, p. 111), servem para fundamentar seu entendimento privatista e individualista. Isso porque, na sua ótica sectária, devido ao fato de o sistema trabalhar na forma da repartição simples, pagando os benefícios com a arrecadação dos trabalhadores e empregadores em atividade, preconiza:

> "O que nove em dez trabalhadores estão fazendo é pagar contribuições para financiar pagamentos a pessoas que não trabalham. O trabalhador individual não está 'obtendo' proteção para si mesmo e sua família no sentido em que uma pessoa que contribui para um *sistema de seguro privado*" (Idem, Ibidem – grifo nosso).

Na tentativa de justificar e embasar seu entendimento, Friedman chega a definir a Previdência Social como "um programa especial de transferência de pagamentos" (p. 112), taxando a contribuição como "um imposto sobre o trabalho, que desencoraja empregadores a contratarem trabalhadores e desestimula as pessoas a procurarem emprego" (Ibidem).

É notória e intencional, a meu ver, a confusão criada por este economista quando incluiu as contribuições previdenciárias no rol dos impostos, assim como quando iguala os benefícios de prestação continuada (aposentadorias, pensões, etc.) aos amparos de cunho assistencial (auxílio aos pobres, por exemplo, onde não existe a contribuição correlata).

Milton Friedman, no seu individualismo exacerbado, questiona a existência da própria pensão por morte, tendo em vista que os dependentes do segurado, em tese, não verteram nenhum pagamento aos cofres do sistema. Ele esquece, contudo, que a origem do benefício está nas contribuições do segurado falecido e na de seus dependentes.

Além disso, questiona o sistema oficial, leia-se "público", como ineficiente quando não protege os trabalhadores que trabalham em empresas não conveniadas com a Previdência.

Ora, tal alegação é totalmente absurda e fora do contexto, vez que a maior pilastra de qualquer sistema previdenciário moderno é a universalização do modelo. Isso quer dizer que, independentemente do lugar em que o trabalhador trabalhe, suas contribuições, inclusive se oriundas do serviço público, serão contabilizadas e consideradas para todos os fins.

Por fim, este autor aplica a lei maior de Malthus, sobre o crescimento populacional, fazendo uma analogia, acredito que malfeita, ao que chama de grande problema da Previdência Social. Vejamos, literalmente:

> "Os problemas a longo prazo da Previdência Social têm origem num fato bem simples: o número de pessoas que recebem pagamentos do sistema aumentou e continuará a aumentar mais rapidamente do que o número de trabalhadores cujos salários podem ser tributados para financiar esses pagamentos" (p. 113).

O desmonte da Previdência Social gerida pelo Estado, na mente do economista ora estudado, é um sonho e uma utopia (p. 129), mas resolveria o problema do desemprego, aumentaria a poupança individual e "estimularia o desenvolvimento e a expansão de plano de pensões privados" (p. 130), com os quais os trabalhadores teriam maior segurança.

Em Von Hayek, no seu "panfleto político de ocasião", como ele próprio o assumiu (1990:26), intitulado "O caminho da servidão" (1990), deparamo-nos com a pretensão de retorno ao liberalismo clássico.

Para Hayek, o coletivismo, o socialismo e o Estado do Bem-Estar não passam de quimeras utópicas. Este autor atrela o *Welfare State* às experiências socialistas e de bem-estar social e às políticas sociais previdenciárias e trabalhistas. Tanto é que intitula este de "Estado previdenciário paternalista" (Idem, p.17).

Concluindo esta breve incursão a que me propus, acredito ser imprescindível a análise destes três clássicos da economia social e política, para que possamos compreender o discurso vigente que estamos habituados a ouvir, no sentido da privatização da Previdência Social como caminho para resolver todos os males que a mesma apresenta.

A idéia trazida pelos neoliberais (ou simplesmente liberais, como assim o desejam ser chamados) é sedimentada no individualismo e na livre concorrência do mercado, sendo vedada a interferência do Estado em questões que digam respeito à proteção ao trabalho. Entretanto, justificam ou não criticam quando os recursos arrecadados pelo Estado, seja sob forma de impostos, seja sob forma de contribuições, são empregados em processos caracterizados como de acumulação e reprodução do capital, conforme denuncia Oliveira (1998), na análise que faz da constituição do fundo público como um "antivalor".

Esse mesmo raciocínio é aplicado no campo da Previdência Social, em que o seguro, confundido intencionalmente com assistência social, termina na inevitável esteira do setor privado. Este, segundo os visionários liberais, daria mais segurança aos contribuintes-empregados, que teriam na iniciativa privada a possibilidade de melhores rendimentos de suas contribuições.

Nenhum deles colocou o risco que este modelo apresenta, especialmente quando as administradoras entram em processo falimentar, e as contribuições jamais são resgatadas, ou quando as oscilações do mercado terminam por fulminar as expectativas dos trabalhadores-poupadores, dados os baixos níveis de majoração de suas aplicações. Ainda mais em países pobres como o nosso, onde a instabilidade econômica é a determinante, o risco de o trabalhador não obter o retorno esperado de suas contribuições é bastante grande.

Passo, no Capítulo II, a analisar a Previdência Social brasileira, sua história, a exclusão de vários segmentos, os avanços trazidos pela Constituição Federal de 1988 e a competência da esfera pública e da privada, o que denominei de falso dilema.

2. A Previdência Social no Brasil

2.1. Breve histórico

Sob o prisma constitucional, a primeira Carta Política de 1824 referiu-se vagamente à seguridade social quando aduziu, em seu art. 179, inc. XXXI, que "A Constituição também garante os socorros públicos".

Na Constituição Republicana de 1891, por seu turno, encontra-se, pela primeira vez, referência à palavra "aposentadoria", ficando esta assegurada aos funcionários públicos em caso de invalidez, quando a serviço do País (conf. art. 75).

A primeira manifestação juridicamente consolidada, em termos de previdência e seguridade social, data do ano de 1923, precisamente em 24 de janeiro de 1923, quando da edição do Decreto Legislativo de nº 4.682/23, conhecido como Lei "Eloy Chaves".[20]

Esta lei visava a proteger os trabalhadores das estradas de ferro, criando, destarte, para cada empresa deste ramo de atividade, uma caixa de aposentadoria e pensão. Atingia, porém, uma parcela reduzida dos trabalhadores brasileiros daquela época, em que pese ter direito previdenciário, tendo contribuído para o desen-

---

[20] Eloy de Miranda Chaves (1975/1964) foi político, advogado, fazendeiro e industrial, tendo, como deputado federal, na década de 20, se destacado como relator do projeto que, transformando-se em lei, acabou levando seu nome.

Previdência e Neoliberalismo

cadeamento de outros institutos previdenciários, conhecidos como IAPs (Institutos de Aposentadorias e Pensões).[21]

A criação destes inúmeros Institutos foi, sem embargo, o primeiro passo para a organização de nosso sistema de previdência e seguridade social.[22]

Ocorre que, após a criação destes Institutos, alguns problemas começaram a surgir, tais como: a disparidade existente entre os diversos institutos, seja em nível estrutural (fruto da autonomia) como em nível econômico (eis que uns mais aquinhoados que outros), isto sem considerar o trânsito dos trabalhadores, quando da migração entre os diversos institutos criados, devido ao problema da compensação das contribuições feitas pelos operários.

Sem embargo, "a conjuntura de 1945-64 foi palco de um amplo debate acerca de uma proposta de transformação do sistema previdenciário brasileiro(...)", visando, essencialmente, "à uniformização de serviços, à unificação administrativa e à universalização da Previdência Social".[23]

A centralização e unificação da legislação previdenciária foi uma decorrência lógica dos problemas aponta-

---

[21] Observe-se, por oportuno, a criação de outros institutos, que passaram a conglomerar novas atividades profissionais, como foi o caso do Instituto de Aposentadoria e Pensões dos Marítimos - IAPM, criado em 29.06.33; do Instituto de Aposentadoria e Pensões dos Comerciários - IAPC, criado em 22.05.34; do Instituto de Aposentadoria e Pensões dos Bancários - IAPB, de 09.07.34; do Instituto de Aposentadoria e Pensões dos Industriários - IAPI, criado em 31.12.36; do Instituto de Aposentadoria e Pensões dos Empregados em Transporte de Carga - IAPETC, de 26.08.38 e, bem mais tarde, do Instituto de Aposentadoria e Pensões dos Ferroviários e Empregados em Serviços Públicos - IAPFESO, instituído pela Lei nº 3.807, de 1960.

[22] Conferir, neste sentido, o pronunciamento do então Ministro Oscar Saraiva, *In:* "A lei orgânica da previdência social - sua Interpretação e seu Regulamento", de Albino Pereira da Rosa, Ed. Melso Soc. Anônima, Rio de Janeiro, 1960, p. 11.

[23] *In:* A Política Social Brasileira - 1930-64. Evolução Institucional no Brasil e no Rio Grande do Sul. Fundação de Economia e Estatística. 2. ed., Porto Alegre, 1983.

dos acima, tendo sido inexitosa a primeira tentativa, em 1945. Através do Decreto-Lei nº 6.526/45, Vargas tentou criar o Instituto dos Serviços Sociais do Brasil (ISSB), projeto este que encontrou mais opositores do que defensores, não chegando a efetivar-se.

Somente em 1960, precisamente pela Lei nº 3.807, de 26.08.60, regulamentada pelo Decreto nº 48.959, de 19/09/60, operou-se a consolidação da legislação previdenciária, com a uniformização dos benefícios.[24]

Foi, contudo, em 1966, pelo Decreto nº 72/66, que foram unificados os seis Institutos de Aposentadorias e Pensões então existentes, ou seja, o IAPB, IAPC, IAPTEC, IAFESP, IAPI e IAPM, dando origem ao Instituto Nacional de Previdência Social (INPS).

A universalização, todavia, não foi alcançada pelo sistema, uma vez que ainda excluía os trabalhadores domésticos, os desempregados, bem como marginalizava os trabalhadores rurais.[25]

Em 1º de maio de 1974, foi criado o Ministério da Previdência e Assistência Social, através da Lei nº 6.036/74, sendo que, no mesmo ano, foi promulgada lei protegendo os trabalhadores rurais acidentados, em caso de acidente do trabalho (Lei 6.195/74).

Novo marco ocorreu em 1976, quando da reunião de toda a legislação previdenciária vigente até então, na Consolidação das Leis da Previdência Social (CLPS),

---

[24] Conhecida como LOPS (Lei Orgânica da Previdência Social), percorrera um longo caminho de 1947, quando de sua apresentação no Congresso Nacional através do Deputado Aluísio Alves, até sua efetiva promulgação em 1960. A LOPS contribuiu para a universalização do sistema previdenciário, não tendo conseguido alcançar, entretanto, os outros dois objetivos a que se propunha, quais sejam, a unificação e a uniformização.

[25] No que respeita aos trabalhadores rurais, somente em 1967, através do FUNRURAL, que se restringia à assistência médica e, mais tarde, em 1971, com o PRÓ-RURAL, é que parte da exclusão foi corrigida, permanecendo até recentemente parte dela, eis que os trabalhadores do campo percebiam em seus benefícios regulares somente meio salário mínimo. No que respeita aos trabalhadores domésticos, a partir da Lei nº 5.859/72 estes passaram a ter direito à Previdência Social.

Previdência e Neoliberalismo

aprovada pelo Decreto nº 77.077, de 24.01.76, com nova redação dada pelo Decreto nº 89.312/84.[26]

Através da Lei nº 6.349, de 1º.09.77, foi criado o SINPAS (Sistema Nacional de Previdência e Assistência Social), sendo integrado pelo Instituto Nacional de Previdência Social, Instituto de Assistência Médica da Previdência Social, Instituto de Administração Financeira da Previdência e Assistência Social, Fundação Legião Brasileira de Assistência, Fundação Nacional de Bem-Estar do Menor, Empresa de Processamento de Dados da Previdência Social e Central de Medicamentos.

O Ministério da Previdência e Assistência Social, incumbido de gestionar o SIMPAS, imprimiu novo ritmo e conceito à seguridade social brasileira, podendo resumir-se suas funções em três atividades complexas: a) concessão de benefícios, b) custeio e c) gestão administrativa.

No início da década de 90, ocorreu a unificação do Instituto Nacional de Previdência Social (INPS) com o Instituto de Administração Financeira da Previdência e Assistência Social (IAPAS), originando-se, desse modo, o (INSS), Instituto Nacional do Seguro Social.[27]

Mais recentemente ainda, em que pese não terem o fito de consolidação, foram editadas as novas leis de custeio e benefício da Previdência Social, Leis nºs 8.212 e 8.213, respectivamente, visando a adequar nossa legis-

---

[26] Visando à regulamentação da CLPS, foi aprovado, em 1979, o Regulamento dos Benefícios da Previdência Social (RBPS) e o Regulamento do Custeio da Previdência Social (RCPS), cuja redação foi dada, respectivamente, pelos Decretos nº 83.080, de 24.01.79, e 83.081, da mesma data.

[27] Instituído pela Lei nº 8.029, de 12.04.90, e Decreto nº 99.350, de 27.06.90, tendo como atribuições a arrecadação, fiscalização e cobrança das contribuições: gestionar os recursos, conceder e manter os benefícios, além de executar as atividades e programas relacionados com o emprego, segurança e saúde do trabalhador. Também em 1990, foi extinto o Ministério do Trabalho e o Ministério da Previdência e Assistência Social, tendo sido criado o Ministério do Trabalho e da Previdência Social, mediante a Lei nº 8.028, de 12.04.90.

lação ao espírito trazido pela Constituição Federal de 05.10.88.

As duas leis supra, de 24.07.91, as quais foram reguladas, inicialmente, pelos Decretos n°s 356/91 e 357/91, de 07.01.91, tendo sido revogadas pelos Decretos n° 612/92 e 911/92, de 21.07.92, tiveram, por sua vez, nova redação dada pelos Decreto n° 2.172, regulador dos benefícios da Previdência Social, e o 2.173, que regulou o custeio, ambos de 05.03.97.

Com a Emenda Constitucional n° 20, de 15.12.98, vários direitos garantidos na Constituição de 1988 caíram por terra, como analisarei no Capítulo seguinte.

2.2. Uma história de exclusão

Para a análise da exclusão dos segurados, que devem, antes de tudo, ser tratados como cidadãos, é imprescindível o enfoque de três tópicos essenciais: a consolidação de nosso sistema de seguridade social, analisando os excluídos na Lei Orgânica da Previdência Social (LOPS); a tendência privatista vigente e os novos excluídos do sistema.

No primeiro enfoque, pretendo analisar a consolidação da Previdência Social, no intuito de verificar como esta ocorreu, bem como as classes sociais que continuaram à margem do sistema.

Num segundo momento, tentarei detectar o discurso privatista reinante, especialmente a partir do tão propalado modelo chileno, enfocando o grau de exclusão social advindo deste modelo.

Por fim, em tarefa não muito tranqüila, é de meu interesse apontar, dentro do momento histórico atual, a ampliação do rol dos excluídos do sistema.

Os três objetivos da Lei Orgânica da Previdência Social, instituída pela Lei n° 3.807, de 26.08.60, podem ser resumidos nos seguintes propósitos: uniformização,

Previdência e Neoliberalismo

unificação e universalização do sistema de Previdência Social.

Em que pese não terem sido alcançadas a unificação e a universalização do sistema, ocorrera, pelo menos, uma uniformização, a partir da LOPS, das contribuições e da prestação dos serviços.

É interessante observar que, desde Eloy Chaves, a grande massa dos trabalhadores rurais ficou alijada da participação do sistema previdenciário nacional.[28] Além destes, a LOPS de 1960 excluiu a participação dos desempregados, trabalhadores domésticos e dos trabalhadores do mercado informal.

Os trabalhadores rurais somente foram abarcados pela Previdência Social mediante o FUNRURAL, em 1967, embora este se restringisse apenas aos serviços médicos.

Os benefícios previdenciários serão estendidos a esses trabalhadores mediante a promulgação da Lei Complementar nº 11, de 25 de maio de 1971. Nesta, restaram consignados os seguintes benefícios: aposentadoria por invalidez, aposentadoria por velhice, pensão por morte, auxílio-funeral, serviço de saúde e serviço social.

Em que pese, aparentemente, os trabalhadores do campo passarem a ter direito a estas duas modalidades de aposentadoria, por velhice e por invalidez permanente, bem como seus dependentes fazerem jus ao benefício da pensão por morte, o *quantum* desses benefícios ainda demonstrava o grau de discriminação existente: 50% do salário mínimo para as aposentadorias e, no caso da pensão, 30% do salário mínimo vigente.

Convém frisar que essa situação discriminatória somente foi corrigida, em termos de valores dos benefícios, a partir da promulgação da Constituição Federal de

---

[28] Muito embora a população estivesse concentrada predominantemente no meio rural.

1988, precisamente pelo disposto em seu § 5º, do artigo 201: "Nenhum benefício que substitua o salário de contribuição ou o rendimento do trabalho do segurado terá valor mensal inferior ao salário mínimo".

Por incrível que possa parecer, a Previdência Social passou a cumprir com o pagamento integral do salário mínimo aos trabalhadores rurais somente a partir de abril de 1991, por entender que o dispositivo constitucional não era auto-aplicável.[29]

De outro giro, a Previdência Social, até os dias atuais, não concede o benefício de pensão à esposa e demais dependentes dos trabalhadores rurais quando estas já recebem, embora por direito próprio, algum benefício regular de prestação continuada.[30] Isso sem falar nas dificuldade concretas por que passam esses trabalhadores quando da comprovação de seus misteres e tempo efetivo de labor.

A burocracia e a parafernália de documentos exigidos, justamente no meio rural, onde a palavra vale mais que qualquer documento, conduzem milhares de trabalhadores à impossibilidade do recebimento de quaisquer benefícios postulados.[31]

Percebe-se, contudo, que estes avanços na legislação social foram desencadeados a partir da mobilização

---

[29] E somente pagou as diferenças retroativas a outubro de 1988 porque o Supremo Tribunal Federal julgou em sentido contrário ao seu entendimento.

[30] Questão tornada incontroversa pela Jurisprudência pátria, porquanto distintas são as fontes de cada benefício, aliado ao fato de que, em toda a legislação previdenciária, não existe nenhuma vedação que macule a inacumulabilidade do benefício de aposentadoria com o da pensão por morte. Apesar disso, a Previdência Social, personificada pelo INSS, continua indeferindo estes pedidos. Talvez, ao que tudo indica, apostando na lógica perversa do ganho real mediante a inércia daqueles que não questionam, judicialmente, seus direitos.

[31] Fato, a meu ver, que tende a ser agravado mediante a aprovação, ao que tudo indica, da reforma da Previdência Social brasileira: eis que o tempo de atividade passa a valer somente se houver efetiva e demonstrada contribuição para os sedentos cofres do Instituto Securitário Oficial.

Previdência e Neoliberalismo

dos trabalhadores rurais, sem a qual nenhum benefício teria sido conquistado.

Quanto aos trabalhadores domésticos, passaram a ser considerados segurados obrigatórios da Previdência Social somente no ano de 1972, por força da Lei n° 5.859.

Os trabalhadores do mercado informal, por sua vez, não só ficaram excluídos de qualquer cobertura securitária como, até o presente, continuam à margem do sistema.[32]

Por mais que seja dito que o princípio da universalidade fica garantido em nosso sistema previdenciário, não é o que se constata na realidade fática, tamanha é a distância entre a proteção social pretendida e a efetiva participação do conjunto da sociedade, especialmente a majoritária parcela das classes trabalhadoras.

É curioso anotar que, segundo avaliação do próprio Ministério da Previdência Social,[33] fica consignada como "erro estratégico" da Previdência Social da década de 70, a cobertura previdenciária às seguintes categorias: trabalhadores temporários, maiores de 70 anos ou menores inválidos (percipientes, na época, da Renda Mensal Vitalícia), empregados domésticos, empregados rurais cobertos pelos sinistros acidentários laborais, bem como os trabalhadores autônomos e os empresários. Em outras palavras: ao mesmo tempo em que o governo preconiza uma universalidade do sistema previdenciário (conforme exposto no item 1.3 do Relatório referido), critica a inclusão dessa gama de trabalhadores, além da criação do salário-maternidade, considerando como

---

[32] Embora possam ser inscritos, no Regime Geral da Previdência Social (GRPS), enquanto segurados autônomos ou facultativos, a precariedade em que vivem fulmina qualquer possibilidade de pagamento das alíquotas previdenciárias (fixadas na ordem dos 20% sobre o salário mínimo vigente).

[33] Está exposto amplamente em "O livro branco da Previdência Social", 1997, um relatório onde o governo federal apresenta os motivos fundamentadores da Reforma da Previdência, que resultou na Emenda Constitucional n° 20/98.

"erro estratégico" e "falta de uma visão futura" a cobertura oportunizada para estes.

Além disso, o Relatório supra crucifica a Constituição Federal de 1988, por entender que esta acirrou e agravou aqueles "vícios anteriores" (conf. item 2.6).

Entendo, até prova em sentido contrário, que nos países em que o sistema básico, diga-se "público", de Previdência Social foi privatizado, aumentou sensivelmente a gama dos excluídos do referido sistema.

Para se confrontar a assertiva acima, basta que se analise a situação fática em que se encontram os segurados de dois países latino-americanos que privatizaram o seguro social: Argentina e, especialmente, Chile.

Em síntese, esta modalidade adotada por alguns países consiste na substituição do sistema estatal pelo da capitalização individual. Os segurados buscam a previsão de seus benefícios nas entidades privadas, tais como os bancos, planos de aposentadorias, pensões e outros planos privados, mediante o pagamento direto para estas instituições, conforme suas posses e pretensões de recebimento.

Os defensores da privatização do sistema asseguram que o deslocamento deste para a iniciativa privada é mais democrático, modernizante e terminaria com o déficit do setor.

Neste sentido, encontra-se no deputado e economista Roberto Campos o mais arguto e ferrenho defensor da privatização. Senão vejamos um trecho de sua coluna semanal no Jornal "O Globo", (6.2.92): "a modernização da previdência passa pela sua privatização, ainda que em caráter opcional".

Este economista, um dos entusiastas da privatização de nosso sistema previdenciário, confunde "seguridade social" com "poupança individual" (Leite, 1998).

Valendo-se dos estudos de Celso Barroso Leite (*In: RPS* 173/27), ver-se-á que a previdência não vive sem a solidariedade social que lhe mantém operante, enquanto o sistema chileno, do qual será feita uma breve análise, está organizado nos moldes das caixas de pensões gestionadas pela iniciativa privada, assemelhando-se à poupança puramente, sem nenhum laço de solidariedade entre seus partícipes.

Vejam-se, a seguir, algumas constatações que já podem ser detectadas nestes dezoito anos de vida do modelo chileno de capitalização individual, onde restam demostrados seus primeiros sinais de fraqueza e insegurança. Enumeram-se os pontos mais significativos, especialmente no que conduz à exclusão social.

a) até o ano de 1991, cento e sessenta milhões de dólares foram devidamente descontados pelos Fundos de Pensão e não foram recolhidos para as contas individualizadas de cada trabalhador, isso sem falar na "falência", ocorrida principalmente a partir de 1995, de algumas Instituições gestoras dos fundos – tal como ocorreu no Brasil, com o Montepio da Família Militar;

b) devido ao fato de as contas de poupança serem corrigidas pela política atuarial, o que depende, de certa forma, das demais políticas públicas, nada garante que, ao final das contribuições, os trabalhadores terão o benefício que programaram;

c) cada vez que o trabalhador deixa de contribuir, seja em razão de desemprego, incapacidade ou outro motivo que lhe impeça de "poupar", caem sensivelmente seus "rendimentos", tendo que se contentar, certamente, com um benefício mínimo, nos moldes de nosso Amparo Assistencial, pagos pelo Estado.

Por estas razões, e outras que poderíamos descrever, concordo plenamente com Celso Barroso Leite (*In: RPS* 173/27), quando afirma que "o 'modelo' chileno nada tem de modelar".

Muito pelo contrário, a exclusão daqueles segmentos de trabalhadores que não podem contribuir, pelas razões já apontadas, aliada ao fato da possibilidade de corrupção e desmonte das Instituições que gerem as Caixas, conduzem a um quadro nada animador.

Para Luciano Américo Galvão Filho (1994), "a privatização da Previdência é inconstitucional e viola os princípios constitutivos do Estado (...)" (*In: RPS* nº 164/531).

A Carta Política brasileira de 1988 elegeu uma seguridade social distributiva e seletiva de caráter universal onde se viu resguardada a uniformidade dos trabalhadores urbanos e rurais (arts. 194, 201, 302, dentre outros). Por isso, compartilha-se do entendimento de Galvão Filho (1994), no sentido de que a garantia do modelo público, de repartição simples, deva ser mantido e aperfeiçoado – em especial no que pertine ao combate à sonegação e à fraude, praticadas em larga escala, e impunemente, pelos grandes "empreendedores".

Por incrível que possa parecer, o rol dos excluídos denunciados por Faleiros (1994), referindo-se à LOPS de 1960, como se viu, foi sensivelmente ampliado.

Atualmente, a parcela dos "marginais", nas palavras do autor supra, ou seja, daqueles "que não podem pagar o Instituto como autônomos", ampliou-se largamente, devido ao processo de globalização da economia.[34]

O processo, amplamente denominado "globalização da economia", merece um estudo especial e mais detido (cf. Capítulo III, item 3.5), tamanhas são as seqüelas que desencadeia, com reflexos consideráveis na

---

[34] Interessante estudo, neste sentido, foi feito por Teresinha Lorena Pohlmann Saad, publicado na Revista de Previdência Social, Ed. LTr., 20/301, onde a professora adjunta da UFSM-RS e ex-consultora da CEPAL para assuntos de previdência, assim conclui seu artigo: "Postas essas considerações, faz-se imprescindível considerar, que, sem melhorar os sistemas educacionais, a absorção da mão-de-obra pouco qualificada, num quadro de constantes avanços tecnológicos, estará cada vez menos garantida, colocando, inclusive, em risco o seu único patrimônio, isto é, a Seguridade Social, em face da redução de recursos pela forma tradicional de obtenção" (p. 304).

Previdência Social. Isto porque existe uma relação proporcional entre o número de trabalhadores e a quantidade de segurados no sistema previdenciário.

Ora, se "a precarização do trabalho" inclui tanto a exclusão de uma crescente massa de trabalhadores do gozo de seus direitos legais como a consolidação de um ponderável exército de reserva e o agravamento de suas condições (Singer, 1998:29), diminui, inegavalmente, a quantidade dos contribuintes para a Seguridade Social, especialmente no que pertine ao Seguro Social.

De outro modo, aparece como unanimidade, entre os analistas e cientistas políticos mais lúcidos, o fato de que a globalização da economia termina por aumentar a concentração de renda dos países e das classes mais abastadas, conduzindo necessariamente a uma maior exclusão social. Aliás, "os desajustamentos causados pela exclusão social de parcelas crescentes de população emergem como o mais grave problema em sociedades pobres e ricas" (Furtado, 1998:33). Afora isso, parece que os esforços dos constituintes de 1988 na instituição de um benefício de cunho assistencial,[35] garantido pelo Estado, para os idosos carentes e os deficientes em geral, foram todos sepultados.

Isso porque, pelo exposto no § 3º da Lei nº 8.742/93, ficou estabelecido um limite de salário mínimo, como renda *per capita* da família do requerente ao benefício assistencial.[36]

Trocando em miúdos, a majoritária parcela dos pretendentes ao auxílio (dentre os quais as pessoas

---

[35] Reza, no art. 203 da CF/88, "a garantia de um salário mínimo de benefício mensal à pessoa portadora de deficiência e ao idoso que comprovem não possuir meios de prover a própria manutenção ou de tê-la provida por sua família, conforme dispuser a lei". E veio a Lei nº 8.742, de 7.12.93, conhecida por LOAS (Lei Orgânica da Assistência Social), dando origem ao Amparo Assistencial, em substituição à conhecida Renda Mensal Vitalícia.

[36] O sofisma e o surrealismo do referido benefício foi por nós denunciado no artigo "Da Renda Mensal Vitalícia ao Amparo Assistencial", publicado na Revista de Previdência Social nº 209/1980.

portadoras de qualquer deficiência, física ou mental, e os idosos que não podem prover suas subsistências ou tê-las providas por outrem) ficam, na realidade, impossibilitados de habilitar-se a este.[37]

Desse modo, penso que o grau de exclusão e participação no sistema de seguridade social (tendo em vista que a assistência social é um dos componentes desta) aumentou, com a instituição do Amparo Assistencial, porquanto a Renda Mensal Vitalícia, por contraditório que possa parecer, abarcava um número maior de casos.

Além disso, a grande massa de trabalhadores rurais ainda não consegue satisfazer a parafernália burocrática exigida pela Previdência Social, de modo a quedar-se impotentes frente às exigências que lhes são feitas. Em que pese a idade reduzida – de 55 anos para a mulher trabalhadora e 60 para o trabalhador rural – estes trabalhadores não conseguem garantir o recebimento de suas aposentadorias.

2.3. Os avanços trazidos pela Constituição Federal de 1988

Se é correto afirmar que o Brasil não chegou a integrar os países que experimentaram o que se denominou de Estado do Bem-Estar Social, parece-me correto o entendimento de que a Constituição Federal promulgada em 05.10.88, batizada carinhosamente de Constituição Cidadã, trouxe em seu bojo inúmeros direitos conhecidos como *Welfare State*.

---

[37] É praticamente impossível a obtenção do auxílio, tendo em vista que, se na família, existe sempre alguém em atividade, recebendo, no mínimo, um salário mínimo, torna-se possível a percepção deste somente na hipótese de existirem quatro ou mais membros da unidade familiar, não podendo, a renda desta, ultrapassar o mínimo legal. Isso é, na realidade dos fatos, quase impossível.

Este raciocínio é válido e justifica-se notadamente quando do trato, pelos Constituintes de 1988, das questões relacionadas com a seguridade e a assistência sociais. É interessante observar que, ao entrar em vigor essa Constituição Federal, as elites dominantes começaram a mobilizar-se e pugnar pelas reformas que salvariam o País e o empurrariam ao pleno "desenvolvimento".

A Reforma (que resolvi chamar de reformas) da Previdência Social encontra-se no âmago deste processo de sucateamento dos serviços públicos, na tentativa de jogá-los para a voracidade do capital financeiro privado.

Seguindo o receituário ditado pelo Fundo Monetário Internacional, a Constituição foi, em seguida, retalhada e deixada em frangalhos.

Contudo, algumas diretrizes e princípios, no que respeita à seguridade social, mantidos no corpo do texto constitucional, especificamente os que se referem à Previdência Social.

No Título I, que estabelece os Princípios Fundamentais da Federação, fica registrada, como objetivo fundamental, a erradicação da pobreza e da marginalização, bem como a redução das desigualdades sociais e regionais (art. 3º, III).

Por isso, no Título VIII, que trata da Ordem Social, encontra-se, na Seção III, que versa sobre a Previdência Social, a proibição de algum segurado receber a menos que o salário mínimo (art. 201, § 5º) naqueles benefícios de prestação continuada, tais como as aposentadorias e pensões.

Parece pouco, mas, na verdade, não é. Isto porque, até o advento da CF/88, majoritária parcela dos trabalhadores rurais, dentre as quais as pensionistas, recebiam algo em torno de 50% do salário mínimo em seus benefícios.

Esta distorção, até então existente entre os trabalhadores rurais e urbanos, discriminando os primeiros, foi corrigida, pelo menos em parte,[38] graças à uniformidade dos sistemas urbano-rural na CF/88.

Se o regime de capitalização individual, como foi visto no começo deste capítulo, fundamenta-se única e exclusivamente no individualismo e no poder econômico de seus participantes, a Carta Política de 1988 escolheu a solidariedade como primado e referencial orientador da sociedade (cf. art. 3º, I).

Como observa Wladimir Novaes Martinez (1989), a seguridade social é o ponto mais expressivo desta solidariedade, ou seja,

> "ao mesmo tempo, pessoas com maior capacidade contributiva aportam recursos a favor de si e de outros seres humanos sem essa força de contribuição. Gerações na atividade e aptas para o trabalho contribuem em benefício de inativos ou incapazes. Filiados ao regime urbano, em prol dos rurais; regiões mais desenvolvidas colaboram com áreas economicamente carentes e assim por diante". (Martinez, 1989: 31)

Outro ponto fundamental, igualmente tangenciado pela CF/88, foi o da irredutibilidade dos benefícios previdenciários (art. 201, § 2º), devendo todos os ganhos dos empregados se incorporarem no cálculo do salário-de-contribuição (idem, § 4º), incluindo-os no cálculo do salário-de-benefício (idem, § 3º).

Todas estas garantias, pelo que se denotou da preocupação do constituinte de 1988, visavam tão-somente a um objetivo: à não-redução dos valores dos benefícios, de modo que, ao longo de suas concessões, fossem mantendo o mesmo poder de compra que possuíam quando do início do benefício.

---

[38] Afirmo isto devido ao fato de os trabalhadores rurais, na prática, ainda serem rechaçados quando da habilitação de seus benefícios, tamanha é a quantidade de documentos exigidos pelo INSS, o que dificulta e inviabiliza, no mais das vezes, o alcance da pretensão inicial.

Ocorre, porém, que esse espírito da lei nunca se materializou, tendo em vista que o reajustamento dos benefícios "foi desconstitucionalizado, ou seja, retirado da Constituição Federal" (Cunha, 1999: 66), mediante a redação dada pela Emenda Constitucional nº 20, de 15.12.98.

Cabe anotar que o Governo de FHC entendeu, com todas as letras, que houve um "erro estratégico" quando da extensão destes direitos ao universo dos trabalhadores rurais.[39] Este posicionamento encontra-se cristalizado no Relatório denominado "O Livro Branco da Previdência Social" (1997), editado pelo Governo, onde busca justificar, muito nebulosamente, os motivos fundantes da Reforma da Previdência Social.

Observem-se algumas das citações e fundamentos trazidos pelo governo federal como substrato para a mudança do sistema:

"Os trabalhadores temporários das empresas foram incorporados ao sistema previdenciário em 1974. Os maiores de 70 anos e os inválidos que não possuíam cobertura previdenciária passaram a ter direito, independentemente de contribuição, a uma renda mensal vitalícia, prestação tipicamente assistencial, e os benefícios de acidentes do trabalho foram estendidos aos empregados rurais. O sistema previdenciário passou a abrigar também os trabalhadores autônomos e empresários, numa base de adesão compulsória através de contribuição individual regular.

---

[39] O governo federal tenta, ideologicamente, confundir a idéia dos leitores, jogando com dados e informações. O principal deles, a meu ver, é o que confunde, maldosamente, a Assistência Social com o Seguro Social. Isto porque a antiga Renda Mensal Vitalícia, que cedeu lugar ao Amparo Assistencial, não deve constar no rol dos benefícios regulares concedidos aos segurados mediante contribuição prévia. A desconsideração deste fator, que coloca o primeiro dentro dos programas de renda mínima de assistência e seguridade sociais, e, o segundo, como benefícios regulares do seguro social, fulmina o sistema previdenciário, tornando-o totalmente inviável e insustentável. Será conferido maior aprofundamento desta questão no item 3.3, onde buscarei atacar os principais pontos defendidos neste documento.

(...)
A falta de uma visão futura permitiu que a responsabilidade do momento fosse, despreocupadamente, utilizada para a ampliação dos benefícios. Esse foi um grande erro estratégico do sistema de Previdência social no Brasil" (grifo no original) (Idem, p. 19)

Segundo os ideólogos do Planalto, "a Constituição de 1988, e a legislação incorporaram, de certa forma, os erros e vícios anteriores" (p. 19), porque não teria havido nenhuma preocupação técnica com os recursos para atender a esses direitos. Mais uma vez, é atacada a ampliação do valor dos benefícios rurais, embora o governo reconhecesse que "o Congresso Nacional foi justo em sua decisão, pois apenas procurou igualar os benefícios dos trabalhadores rurais aos dos urbanos" (Idem, Ibidem).

2.4. O dilema: público ou privado?

Primeiramente, entendo que esta discussão apresenta um falso dilema. Penso, na esteira deixada por Francisco de Oliveira (1998:23), que o privado e o público não são excludentes, como alguns apontam. Isto porque, não interessando mais às elites capitalistas dominantes o modelo representado pelo Estado do Bem-Estar, aqueles setores que antes eram mantidos pelo Estado, tais como as comunicações e a seguridade social, são agora fatiados pela iniciativa privada.[40]

Parece esclarecedora, neste sentido, a observação arguta de Francisco de Oliveira:

---

[40] Insta anotar que os aparatos de convencimento, notadamente os meios de comunicação de massa, inculcaram nos cidadãos, no caso do Brasil, que os serviços públicos eram de péssima qualidade, permeados pela corrupção, cujos funcionários eram relapsos e apresentavam outros atributos mais nefastos, na tentativa, acredito que feliz, de formar o senso comum dos cidadãos, de modo a facilitar e legitimar o processo conhecido como de "privatização".

"O padrão de financiamento público do Estado-providência é o responsável pelo continuado déficit público nos grandes países industrializados. É este padrão que está em crise, e o termo 'padrão de financiamento Público' é preferível aos termos usualmente utilizados no debate, tais como 'estatização' e 'intervenção estatal' (Oliveira, 1998: 23).

Com o neoliberalismo, o Estado deixa de financiar os serviços sociais, dentre os quais os de seguridade e assistência sociais, passando a financiar a reprodução do capital, sendo "no interior desse discurso que se fortalece a dicotomia entre 'público' e 'privado', caracterizando-se por público tudo o que é ineficiente, aberto ao desperdício e à corrupção, e por privado a esfera da eficiência e da qualidade" (Simionatto, 1997: 5).

É necessária a compreensão desta totalidade, complexa e difusa, trazida pelo modelo neoliberal, para que se possa analisar uma pequena, quiçá importante, parcela desta, qual seja, a das políticas de seguridade social.

Neste passo, é importante frisar e repisar que o eixo piramidal da prática neoliberal é exatamente este: o deslocamento do financiamento das políticas públicas para o financiamento do capital financeiro globalizado. É justamente nesta lógica que não cabe mais a defesa dos direitos e garantias sociais, que aparecem, diga-se de passagem, como se privilégio fossem.

Esta tarefa, porém, não poderá ser feita por um Estado Mínimo, como entoam por todos os cantos os apologistas do neoliberalismo, para os quais somente com muitos recursos[41] e muito Estado é possível este mister (Oliveira, 1998: 13).

---

[41] Nesta lógica, e somente nesta, explicam-se os investimentos do Estado, no caso brasileiro, junto às Instituições Financeiras falidas, realizando programas de salvação dos Bancos, a exemplo do PROER, bem como o sanamento das empresas estatais antes de serem vendidas, deixando, inclusive, dinheiro em caixa para seus "compradores", como foi o caso da Telesp e da Vale do Rio Doce (cf., neste sentido, Biondi, 1999: 41).

Como percebe Castel, o Estado sempre esteve presente na reprodução da força de trabalho, sendo "preciso um ator central para conduzir tais estratégias, obrigar os parceiros a aceitarem os objetivos sensatos, zelar pelo respeito dos compromissos. O Estado é este ator" (Castel, 1998: 498).

Oculto pelo discurso da "igualdade" dos serviços públicos, trata-se do estabelecimento de um novo modelo de sociedade, embasado na competição e no individualismo egoísta. Como observa Asa Cristina Laurell (1997:162),

> "Isto significa, por um lado, eliminar a intervenção do Estado na economia, tanto nas funções de planejamento e condução como enquanto agente econômico direto, através da privatização e desregulamentação das atividades econômicas. (...) Apesar de todo esse antiestatismo, os neoliberais querem um Estado forte, capaz de garantir um marco legal adequado para se criarem as condições propícias à expansão do mercado".

Parece incontroverso que, se com o *Welfare State* o capitalismo conseguiu apaziguar os ânimos daqueles que não estavam satisfeitos com o sistema, garantindo a reprodução da força de trabalho e do próprio capital, com o neoliberalismo a investida nos programas de assistência social é vista como um atentado à democracia e à liberdade (Hirschmann, 1995: 101). Ou seja, no primeiro caso, "deu os anéis para não perder os dedos" e, no segundo, retoma não só os anéis como decepa os dedos e as cabeças dos que pensam diferentemente do chamado "pensamento único". Incontestável, também, é que os principais cortes se referem aos "gastos" nas áreas sociais, especialmente nas destinadas ao financiamento de programas de renda mínima e assistência social aos que vivem em pobreza absoluta. Com isso, aumenta sensivelmente o rol dos excluídos e marginalizados.

Pode-se, por outro lado, perguntar: poderá esta situação ser revertida, voltando o Estado a investir, novamente, como o fez num passado não distante, nestes setores que parece ter abandonado? Entendo, seguindo o raciocínio até aqui exposto, que não existe, faticamente, este abandono. O Estado, por seu turno, retornará no patrocínio destes setores privatizados ou de outros, quando houver o interesse (ou desinteresse) dos grandes grupos capitalistas.

É justamente isto que se vislumbra atualmente, em alguns exemplos de Previdência Social, onde o Estado, tal como vem ocorrendo nos modelos chileno e paraguaio, volta a assumir as seguradoras que faliram e encerraram suas atividades. O Estado, neste caso, herda as dívidas deixadas e investe, novamente, no sistema. Talvez até saná-lo outra vez, e quantas vezes for preciso, para jogá-lo, após, à exploração e controle da iniciativa privada.

Penso, por estas razões, que devemos trilhar um caminho novo, de modo que o bem público seja efetivamente publicizado, ou seja, apropriado pelo conjunto da sociedade, especialmente pelos trabalhadores os quais, sem dúvida, são os que mais necessitam dos serviços da seguridade social. Isto porque as classes médias foram pressionadas a adquirir planos de assistência e seguro privado, embora nem seu emprego nem seu seguro estejam automaticamente garantidos.

Este caminho, parece-me, já foi acenado por Marx quando da crítica da educação a cargo do Estado. Penso que é possível fazer uma analogia com a questão previdenciária. Vale considerar seu pensamento:

"Eso de 'educación popular a cargo del Estado' es absolutamente inadmisible. !Una cosa es determinar, por medio de una ley general, los recursos de las escuelas públicas, las condiciones de capacidad del personal docente, las materias de enseñanza, etc. y velar por el cumplimiento de estas prescricio-nes legales mediante inspectores del Estado, como se hace nos Estado Unidos, y outra cosa, completa-mente distinta, es nombrar al Estado educador del pueblo! (...) es, por el contrario, el Estado el que necesita recibir del pueblo una educación muy se-vera" (1977: 31)[42]

Entendo ser possível pensar em um sistema auto-gestionário de previdência, onde os próprios trabalha-dores/segurados possuam o controle de suas contri-buições e cujo laço da solidariedade seja um constante norteador do sistema.

Acredito que é possível fazer frente à proposta neoliberal, que busca tão-somente a espoliação dos tra-balhadores através da gestão de suas contribuições, sem nenhuma preocupação com o conjunto dos segurados e suas necessidades.

A organização dos trabalhadores em cooperativas, associações, incubadoras e similares, como meio de enfrentar a crise do desemprego reinante, parece indicar um novo modo de os trabalhadores organizarem-se e buscarem, conjuntamente, formas de sobreviverem. Por que não se pensar na hipótese de estes gestionarem também seu sistema de previdência?

Esta questão, que permeia nosso objeto de estudo, será retomada e profundada no Capítulo V, buscando alternativas para o modelo Estatal vigente, estabelecen-do algumas premissas para a organização do que chamo de Previdência Solidária.

---

[42] Isto de 'educação a cargo do Estado' é absolutamente inadmissível. Uma coisa é determinar, por meio de uma lei geral, os recursos das escolas públicas, as condições de capacidade do pessoal docente, as matérias de ensino, etc. e velar pelo cumprimento destas prescrições legais mediante inspetores do Estado, como se faz nos Estados Unidos, e outra coisa, completamente distinta, é nomear o Estado educador do povo! (...) é, pelo contrário, é o Estado que necessita receber do povo uma educação muito severa" (tradução do autor).

Abordarei, no próximo Capítulo, os argumentos utilizados no discurso neoliberal privatista, tentando demonstrar, dialeticamente, as contradições que este apresenta.

3. Privatização do sistema

3.1. Seguro social *versus* poupança individual

Na esteira do pensamento de Von Mises, Friedman e Hayek, como já vimos no capítulo anterior, os neófitos do neoliberalismo vêm pregando a substituição do modelo baseado no seguro social pelo da poupança individual.

Parece-me oportuno fazer-se um demarcador entre estes dois modelos, totalmente distintos entre si. Até mesmo porque, no mais das vezes, percebe-se a existência de uma certa confusão, penso que intencional, entre o sistema de poupança e o do seguro social.

No seguro social, expressão esta equivalente à previdência social (Leite, 1996:156), encontra-se a organização do sistema, tendo como premissa a universalidade protetiva, cobertura a quem quiser filiar-se, uniformidade e equivalência das prestações, distributividade e seletividade, manutenção dos valores dos benefícios, gestão democrática, dentre outros.[43]

---

[43] Estes objetivos e premissas foram consagrados, no caso específico do Brasil, no corpo da Carta Política de 1988, precisamente em seu art. 194. Além destes, houve uma imensa preocupação dos constituintes de 1988, pressionados, diga-se de passagem, pela sociedade civil, com a erradicação da pobreza e marginalização, ou seja, com a redução das desigualdades sociais e regionais (art. 2º, CF/88).

Pode-se afirmar, desse modo, que os sistemas baseados no seguro social são garantidos e fiscalizados pelo Estado, embora possam ser gestionados por outros setores da sociedade.[44]

E não há, a meu ver, como o Estado se eximir, tendo em vista a não-lucratividade do modelo. O mesmo não ocorre, evidentemente, com os sistemas privados, que visam ao lucro, cobrando, inclusive, taxas elevadas de administração, ficando as contribuições sujeitas ao jogo do mercado.

O sistema de seguro social é, obrigatoriamente, universal e protecionista, tendo em vista que visa especialmente à proteção daqueles cidadãos que se encontram impossibilitados de exercer seus labores, seja por motivo de idade avançada, invalidez temporária ou permanente, dentre outros.

Não se pode dizer o mesmo, no que respeita à universalidade e à protetividade, quando se trata dos seguros privados. Isto porque somente terão acesso a estes, aqueles cidadãos que puderem contribuir para o fundo, além de haver a exigência de estarem dentro das regras estabelecidas pelo próprio plano, que variará consoante a administradora. Em síntese: para ter-se o direito, somente pagando. Tal critério torna impossível qualquer universalidade, uma vez que abrangerá somente uma pequena parcela dos cidadãos, primando, obviamente, pelos que podem pagar.

Outra característica que informa o modelo do seguro social é a solidariedade que se encontra no sistema. Por isso, pode-se identificar a figura de um contribuinte que tenha passado durante vinte ou trinta anos sem nunca utilizar o sistema, enquanto um outro segurado,

---

[44] Quiçá, pode-se citar o modelo atual, que, pelo menos em tese, é gestionado de forma tripartite: empregados (ativos e inativos), empregadores e governo. Digo em tese, dada a extrema burocratização e centralização do sistema, o que dificulta, na prática, a participação dos trabalhadores.

com poucos meses de contribuição, passe a usufruí-lo. Ou seja, usará o sistema quem dele precisar.

No campo dos seguros privados, a solidariedade cede lugar à individualidade dos contribuintes, não havendo lugar para o coletivo, tendo em vista a pessoalidade da contribuição.

Segundo o sistema de capacitação individual, cada qual deve contribuir com a quantia que pretende usufruir futuramente, quando da inatividade. Ocorre, porém, que as quantias depositadas, nos mesmos moldes da conhecida "Caderneta de Poupança", seguirão as flutuações do mercado financeiro.

Se, por um lado, o sistema privado se apresenta como uma panacéia para resolver os problemas da defasagem dos benefícios, por outro nada lhe garante, especialmente nos países de economias instáveis, como o nosso, que existirá esta correlação entre contribuição/benefício. Por mais distorções que existam no sistema público de seguro social, fica neste resguardada a manutenção dos benefícios.

Parece acertado o posicionamento de Celso Barroso Leite, referindo-se a dois notórios neoliberais brasileiros, quais sejam Roberto Campos e Francisco Oliveira,[45] quando aduz que

> "Em última análise, Francisco Oliveira sustenta, desde bem antes das entrevistas de agora, que devemos seguir o chamado modelo previdenciário chileno, que outros países da América Latina vêm adotando, com variações de pouca monta. É também a posição de Roberto Campos.
>
> Acontece que esse esquema, bem recente, pois ainda não completou duas décadas, não é bem previ-

---

[45] Não confundir Francisco Oliveira, pesquisador do IPEA (Instituto de Pesquisas Econômicas Aplicadas), com Francisco de Oliveira, pesquisador do CEBRAP, crítico do neoliberalismo e autor do livro "Os Direitos do Antivalor", publicado pela Vozes.

dência social e sim poupança individual. Voltando à origem das minhas dúvidas, receio que ele tenha sentido antes econômico do que social, e sabemos que aquele aspecto é mais atraente que este e dá mais prestígio". (Leite, 1998:349/350)

Os defensores do sistema privado argumentam que os cidadãos teriam a liberdade de prever suas aposentadorias e demais benefícios, tamanha é a amplitude dos planos oferecidos.

Esquecem-se de dizer, em contrapartida, que somente uma pequena parcela da população poderá participar deste modelo, tendo em vista que o pressuposto da liberdade, genérica e abstrata, é o fator econômico. Isso sem falar no risco, sempre presente, como se verá no item seguinte, do desaparecimento ou da falência da administradora dos fundos, que coloca os segurados em difícil posição.

Feitas estas considerações, penso ter ficado bem delimitado o campo de um e de outro, bem como as dessemelhanças que apresentam entre si. Em todo caso, esta é uma discussão que irá permear o presente estudo, tendo em vista que os modelos de vários países encontram-se sedimentados na ótica privatista. Até mesmo porque, em nosso País, existe uma forte tendência a aderir a este tipo de proposta, o que, em parte, já se efetivou na área dos acidentes do trabalho.

Passo, dada a importância da primeira experiência na América Latina, à análise do modelo chileno, com suas implicações e nuanças.

3.2. O modelo chileno

Tendo em vista o fato de o Chile ter sido o primeiro país latino-americano a experimentar as políticas neoliberais, pode-se afirmar que, de certo modo, foi o pioneiro, senão o grande laboratório, destas políticas. Isto porque, como é sabido, a Inglaterra foi o primeiro país, a partir da vitória de Thatcher, em 1979, a "pôr em prática o programa neoliberal" (Anderson, 1998:11), seguindo-se os EUA, três anos após, com Reagan, e a Alemanha, em 1982, com Khol.

O Chile, porém, sob a batuta de Milton Friedman, mas acompanhado de perto pelos neoliberais ingleses, adotou as políticas neoliberais no início da década de setenta, em um processo extremamente violento e autoritário, tendo no comando o general Pinochet.[46]

Seguindo, portanto, esta lógica privatizante, em que "o Estado deve acabar com o próprio Estado", para utilizar um jargão corrente, em 1981 o governo Pinochet alterou significativamente o modelo de previdência existente desde 1924.

Cabe observar, rapidamente, em que consiste este novo modelo.[47]

Neste sistema, denominado inapropriadamente de Previdência Social, tendo em vista que não é mais que um sistema de capitalização individual, os trabalhadores passaram a contribuir para uma das treze Adminis-

---

[46] Como anota Perry Anderson (1998:20), "o Chile de Pinochet começou seus programas de maneira dura: desregulação, desemprego massivo, repressão sindical, redistribuição de renda em favor dos ricos, privatização de bens públicos". E mais: "o neoliberalismo chileno, bem entendido, pressupunha a abolição da democracia e a instalação de uma das mais cruéis ditaduras militares do pós-guerra. Mas a democracia em si mesma – como explicava incansavelmente Hayek - jamais havia sido um valor central do neoliberalismo". Por ironia, parece que coube à História o tratamento devido que o general Pinochet merece, face aos inúmeros crimes cometidos em seu regime ditatorial.

[47] Parece, ao que tudo indica, que já foi copiado por vários países latino-americanos, dentre os quais a Argentina, a Colômbia, o Paraguai e, por último, chega-nos a notícia de que o Peru, na fúria de seu dirigente maior, Alberto Fujimori, através da Lei nº 25.897/92, autorizou o funcionamento de sete Administradoras de Fundos de Pensão, denominadas de AFPs, cujos aportes iniciais, nos moldes de poupança individual, conseguiram a atenção de 950.000 cidadãos peruanos (Marengo, 1996).

tradoras de Fundos de Pensões (AFP) criadas para gestionar os valores arrecadados.

Os trabalhadores descontam 13% de seus salários, sendo que 3% são destinados à administração, recebendo em torno de 75% do que contribuíram nos últimos doze meses. As empresas e os empregadores, por sua vez, contribuem com 3% sobre a folha-de-salários. Para terem direito à assistência médica, os empregados pagam mais 7%, para outra administradora, controlada pelas ISPRES – Instituições de Saúde Privada.[48]

Os segurados, neste sistema, poderão aposentar-se aos 65 anos (homens) e 60 anos (mulheres), tendo direito aos benefícios da aposentadoria por invalidez e pensão por morte. O que diz respeito ao auxílio-doença, parece, ao que tudo indica, não fazer parte do modelo. Em outras palavras: é proibido adoecer ou incapacitar-se provisoriamente.

Caso os empregados desejem aumentar suas contribuições ou aposentar-se antes da idade limite, poderão fazê-lo, desde que aumentem suas contribuições.

Este modelo de poupança individual terá êxito, tanto quanto maior forem as aplicações dos segurados. Mesmo assim, terão de torcer para que as cifras econômicas sejam-lhes favoráveis. Além destes fatores, que independem de suas vontades, contarão com a probidade dos administradores de suas contas, torcendo, mais uma vez, para que a corrupção não lhes retire a possibilidade de usufruírem o benefício pretendido. E mais: além de não poderem adoecer, porque, nesse caso, deixariam de contribuir para o sistema, precisam contar

---

[48] Sob o ponto de vista do ganho imediato, considerando aquilo que empregados e empregadores irão desembolsar, o sistema é por demais convidativo. Isto porque, no caso dos trabalhadores, que pagavam algo em torno de 20% de seus salários, agora pagam em torno de 13%; os empregadores, que tinham uma carga semelhante à dos trabalhadores, passaram a pagar somente 3% sobre a folha-de-pagamento. Este fator, imediatista, como disse, é a explicação da adesão de cerca de 75% dos trabalhadores ao novo sistema (Fernandes, 1991).

também com a própria sorte, de modo que a sombra do desemprego não lhes bata à porta, o que, de certo, fulminaria o sonho de suas aposentadorias.

E se tudo der errado? Se, porventura, algum destes males ocorrer, o que terão em suas velhices? O Estado, neste caso, assume novamente seu papel assistencialista e paga, mensalmente, aos idosos um valor mínimo.

Como se pode constatar, parece que nem o Estado Chileno acreditou muito na seriedade de seu programa privado de seguros individuais. Caso contrário, teria garantido o valor atualizado dos benefícios, e não somente um mínimo legal.

Por outro lado, notícias de falecimento e fechamento das operadoras privadas já nos visitam aqui nos trópicos, ficando seus partícipes com o benefício mínimo "doado" pelo Estado.[49]

O sistema, por sua vez, encontra-se dentro da lógica do mercado, tão apreciado pelo cardápio neoliberal. E o que é pior, se ele não der certo, a culpa é jogada aos segurados, seja porque foram ineficientes, incompetentes, tiveram o azar de adoecer ou, até mesmo, não trabalharam o suficiente para o desenvolvimento de seu país, desestabilizando a economia.

Trata-se, sem nenhum engano, de um modelo dentro das regras do sistema de mercado, onde somente os organismos financeiros obtemperam os lucros. O êxito do programa é como um jogo na loteria: poucos, certamente, conseguirão seus benefícios de forma atualizada, de modo que mantenham o poder aquisitivo correspondente à expectativa de suas contribuições.[50]

---

[49] O que não foi diferente no vizinho Paraguai, conforme nos informa Jorge Luis Marengo, em seu estudo denominado "El régimen de seguridad social en Paraguay", publicado pelo CIEDLA, 1996. Neste, o autor afirma que as duas entidades privadas daquele país, administradoras de fundos de pensões, denominadas Bienestar Familiar S.A e JUPEP S.A, encontram-se em fase falimentar.

[50] O *Centro Interdisciplinário de Estudios Sobre El Desarrollo Latinoamaericano* (CIEDLA), em publicação de 1996, intitulada "La reforma de la seguridad social - perspectivas y proyecciones", alerta para a exclusão, no modelo

Passo, no próximo tópico, à análise das reformas da Previdência Social brasileira na última década.

3.3. As reformas da previdência social brasileira e os argumentos neoliberais

Muito embora as reformas no modelo de previdência pública brasileira, baseado na repartição simples,[51] este vem sendo atacado desde há mais tempo. Pretendo analisar as alterações ocorridas na última década, ou seja, de 1990 até o presente.

Pretendo, também, desmitificar o entendimento padrão de que a Reforma da Previdência Social começou em 1998, com a Emenda Constitucional nº 20, bem como atacar, de frente, a questão principal que, no mais das vezes, passa despercebida, qual seja o saneamento do sistema previdenciário para jogá-lo à ganância dos grupos financeiros privados.

Em meu entendimento, a mais significativa alteração no modelo previdenciário brasileiro ocorreu com o advento da Lei nº 8.213/91, publicada no DOU em 25/07/91, que dispôs sobre o Plano de Benefícios da Previdência Social.

A modificação, para não se utilizar o termo reforma,[52] ocorreu com o benefício de prestação continuada

---

chileno, daqueles que não podem contribuir para os sistemas. É mister citar a análise de Según Giovanni Tamburi, contida no referido documento, quando diz que "la reforma chilena optó por reservar los 'buenos riesgos' para el sector privado y los 'malos riesgos' para el Estado" (p. 37).

[51] Os segurados em atividade mantêm os benefícios dos inativos.

[52] A expressão "Reforma", comumente utilizada, tem o sentido de dar uma forma sem, no entanto, alterar a estrutura do que se quer reformar, como foi o caso da forma de Estado do Bem-Estar adotada pelo Estado liberal, a qual teve um caráter progressista no que tange a uma concepção de sociedade democrática. Não é este o caso da Previdência Social brasileira, que, amparada na ideologia e no projeto neoliberais, assume um caráter reacionário, ou seja, de retrocesso a estágios atrasados, considerados superados no que concerne à construção de uma sociedade democrática.

mais requisitado pelos segurados, qual seja, a aposentadoria por idade. Afirmo isto porque, como era comum até 1992, os segurados que não tinham contribuído por muito tempo para o sistema previdenciário buscavam este benefício aos 65 anos (homem) e aos 60 anos (mulher), não lhes sendo exigido mais que cinco anos de contribuição (60 meses) para fazerem jus ao referido benefício.

Com a Lei nº 8.213/91, porém, o prazo de carência[53] passou para 180 meses, ou seja, 15 anos de contribuição. Este novo requisito fulminou a conhecida aposentadoria por idade (que, diga-se, além da idade, exigia a carência apontada), sendo que, para os já inscritos na Previdência Social até o advento da Lei, o aumento da carência foi gradativa, de seis meses a cada ano, contando a partir de 1993, até o ano 2.012, quando chegará aos 180 meses.

Os segurados, portanto, com idade avançada e sem condições de competir no nosso mercado de trabalho, passaram a ver cada vez mais distante a possibilidade de aposentarem-se por idade. É interessante o caráter ardiloso com que a legislação foi alterada, de modo que os segurados sequer conseguiram mobilizar-se para barrar esta alteração significativa, que atingiu basicamente os segurados mais pobres. Estes segurados, diga-se de passagem, não possuem um maior potencial contributivo, visando somente à percepção do salário mínimo legal.

A Lei nº 9.032/95, a meu ver, na prática, reformulou substancialmente o Plano de Benefícios da Previdência Social. Senão, vejam-se alguns exemplos: os benefícios acidentários foram equiparados aos comuns; a chamada

---

[53] Carência é o número de contribuições necessárias exigidas para o deferimento dos benefícios. O aumento significativo da carência, a partir desta Lei, ninguém duvide, pretende fazer com que os segurados permaneçam mais tempo em atividade, contribuindo mais tempo, o que conduz, conseqüentemente, a uma menor utilização do sistema, quando da inatividade.

Previdência e Neoliberalismo

"pessoa designada"[54] foi retirada do rol de dependentes do segurado; houve proibição do recebimento de auxílio-doença com quaisquer aposentadorias, ou destas com o abono de permanência em serviço.[55]

Maior alteração sofreu, com esta Lei, a aposentadoria especial, referente ao trabalho em condições insalubres, periculosas ou penosas, dos segurados.

Afirmo isto porque, embora tenha continuado essa modalidade de aposentadoria, tornou-se quase impraticável, pelo menos nas vias administrativas, o recebimento desta.[56] Tal medida atingiu, mais uma vez, os trabalhadores mais pobres e, com um particular, justamente aqueles que trabalham pondo em risco suas vidas, em contato, permanente ou não, com agentes insalubres, periculosos e penosos.[57]

A reforma da Previdência Social, pelo menos sob o ponto de vista da estrutura do sistema, ocorreu com a Emenda Constitucional nº 20, de 15.12.98.

---

[54] Esta figura possibilitava que os segurados indicassem um menor de 21 anos que vivia sob sua guarda ou uma pessoa da família, desde que maior de 60 anos ou menor de sessenta em caso de invalidez, que passariam a receber o benefício em caso de morte de seu titular. Esta foi outra medida que, sobremaneira, atingiu as famílias mais pobres, muitas das quais o valor do benefício é a única fonte de renda do grupo familiar.

[55] Insta observar que, se o trabalhador que conquistou seu direito à aposentadoria, voltar novamente ao mercado de trabalho, principalmente porque seu benefício não é suficiente para garantir sequer a compra da cesta básica, não poderá mais receber o auxílio-doença, caso fique incapacitado temporariamente para o trabalho. E mais: não poderá acumular, a partir desta lei, duas ou mais aposentadorias, mesmo que preencha os requisitos legais.

[56] A Lei nº 9.032/95 incumbiu o segurado de provar que o trabalho foi desenvolvido em condições especiais: "o segurado deverá comprovar, além do tempo de trabalho, exposição aos agentes nocivos químicos, físicos, biológicos ou associação de agentes prejudiciais à saúde ou à integridade física, pelo período equivalente ao exigido para a concessão do benefício" (art. 57, § 4º).

[57] Nada mais justo que esta aposentadoria, que é uma espécie de aposentadoria por tempo de serviço/contribuição, tenha um tempo reduzido de trabalho, tendo em vista as condições nocivas à saúde e os males que estas causam ao trabalhador. Não se trata, pois, de privilégio, como pensam alguns, o fato de o trabalhador aposentar-se em uma idade inferior aos demais, considerando as circunstâncias que envolvem seu exercício.

Vale considerar as principais alterações trazidas pela EC nº 20/98, cuja reforma, como já se viu, começou bem antes. Esta Emenda alterou substancialmente a Constituição Federal de 1988, retirando vários direitos e conquistas dos segurados e trabalhadores.

Antes, porém, de adentrar nas mudanças ocorridas, penso ser imprescindível a análise dos fundamentos assumidos pelo Governo para imprimir e sustentar, junto à sociedade brasileira, a necessidade da reforma pretendida.

Primeiramente, cumpre desfazer a propaganda enganosa promovida pelo Governo de FHC, quando declara que o sistema está falido ou prestes a falir. Isto porque, como é sabido e notório, o maior devedor da Previdência Social é a própria União, muito embora se tenha dificuldade de acessar os dados neste sentido:

"O resgate da imensa dívida social que a sociedade deve saldar tem como principal responsável a União Federal.

De fato, o Estado Federal Brasileiro, ao incumbir-se da gestão previdenciária, foi o pior dos gestores e nada fez para resgatar a dívida social.

Como se isso não bastasse, o Estado apropriou-se indevidamente dos recursos arrecadados pelo sistema previdenciário e, além de aumentar a dívida social, pelas omissões no atendimento às necessidades básicas da população, contraiu dívida de valor que, segundo minucioso levantamento da ANFIP, já chega à casa dos cinqüenta bilhões de reais.

(...)

Sem transparência de dados ninguém pode culpar o sistema previdenciário pelas deficiências que todos reconhecem.

Revelados os dados, ficará manifesta a responsabilidade da União pela dívida social e pela dívida monetária para com o sistema previdenciário." (cf.

Editorial da *Revista de Previdência Social*, LTR, dez./98.)

Como o modelo brasileiro é baseado na repartição simples, como já visto, os recursos que a União retirou da Previdência Social hoje fazem falta para arcar com o pagamento dos benefícios daqueles segurados que foram para a inatividade.

O argumento do equilíbrio atuarial, válido em qualquer sistema previdenciário, sem dúvida alguma, é, em nosso caso, um mero escopo para a reforma do sistema.[58] De nada adiantarão as reformas do sistema se o Governo continuar se apropriando, como vem fazendo, das rubricas pertencentes à Seguridade Social.

Outro argumento, de cunho mais ideológico, é o da inviabilidade atual do sistema previdenciário, como o Governo e o MPAS vêm propagando pelos meios de comunicação de massa. Os dados apresentados, que objetivam visivelmente a confundir a sociedade, através da correlação entre o número de inativos e o de trabalhadores em atividade, desconsideram um fato de crucial importância: a existência de dois regimes de previdência totalmente distintos, quais sejam: a previdência pública e a previdência dos servidores públicos (o primeiro mantido pelo Regime Geral de Previdência Social - RGPS, e o segundo por regime próprio, como é o caso dos servidores federais do Executivo, Legislativo, Judiciário etc.).

Ora, o RGPS nunca foi deficitário. Muito pelo contrário, sempre apresentou um superávit, sendo no regime dos servidores federais que existem algumas distorções. Senão, veja-se a próxima tabela. Segundo os dados do próprio INSS e do Ministério da Fazenda, no

---

[58] Registre-se, por oportuno, o trabalho incansável e idôneo dos atuantes membros da ANFIP – Associação Nacional dos Fiscais de Contribuições Previdenciárias, seja no levantamento de dados informativos, seja em defesa de um sistema de previdência público e democrático.

ano de 1996 foram gastos R$ 42,6 bilhões no pagamento de 16,6 milhões de aposentados e pensionistas da iniciativa privada, enquanto, no setor público federal, o montante foi de R$ 17,1 bilhões para pagar somente 873 mil inativos e pensionistas. Fazendo-se uma equação simples, chega-se aos seguintes percentuais: 4,5% do total de aposentados e pensionistas do país consumiram em torno de 19,2% dos gastos totais.

Comparação entre aposentadorias em 1995[59]
(Valores mensais, expressos em salários mínimos)

INSS	1,7
EXECUTIVO (civis)	14,0
LEGISLATIVO	36,8
JUDICIÁRIO	34,7

FONTE: Boletim Estatístico do MARE de setembro de 1996 e Anuário Estatístico do MPAS.

Logo, não procedem os números apresentados pelo governo federal, quando somam os dois setores, como se fossem iguais, chegando, desse modo, a um resultado totalmente irrealista.

Ora, o governo federal não considera que os servidores públicos federais contribuem para o regime público sobre a totalidade de seus vencimentos, porquanto no RGPS a contribuição respeita o teto de pouco mais de R$ 1.200,00.

Metade dos benefícios pagos pelo INSS situa-se na faixa do salário mínimo, conforme a tabela seguinte:

---

[59] Nos dados levantados com relação ao Executivo, Legislativo e Judiciário, foram tomados os valores médios dos proventos dos inativos entre os meses de janeiro e outubro de 1995.

Faixas salariais do regime geral (1993 e 1996)

FAIXA	1993	1996
5 a 10 S.M	5%	14%
3 a 5 S.M	7%	10%
2 a 3 S.M	5%	10%
1 a 2 S.M	17%	17%
até 1 S.M	66%	50%

FONTE: Ministério da Previdência e Assistência Social

Se considerar-se o universo dos beneficiários que percebem até cinco salários mínimos, chegar-se-á a um percentual de 95% em 1993 e de 86% em 1996. Somente uma pequena parcela de 5%, em 1993, subindo um pouco para 14% em 1996, perceberam entre cinco a dez salários mínimos.

Os valores pagos pela Previdência Social constituem um importante fator de distribuição de renda, como bem analisou Álvaro Sólon de França, que realizou minuciosa pesquisa nos municípios brasileiros, chegando à seguinte conclusão:

"Considerando-se os 100 municípios melhor situados com relação ao Índice Municipal de Desenvolvimento Humano (IDH-M) – Brasil – Municípios– 1991 (PNUD/IPEA/FJP – Atlas do Desenvolvimento Humano do Brasil), verifica-se que nada menos do que em 96 deles o pagamento de benefícios é superior ao FPM. Já nos 100 piores o número de municípios com benefícios previdenciários em volume superior ao FPM cai para 61, o que demonstra a importância desses benefícios no desenvolvimento humano de nossas comunidades. Em 96, dos 100 municípios com melhor renda familiar *per capita* o pagamento de benefícios é superior ao FPM, enquanto nos 100 piores o número cai para 51. Em cerca de 97 dos 100 municípios, onde a insuficiência média de renda é menor, o pagamento de benefícios é superior ao FPM, enquanto somente em 61 dos 100 municípios com maior insuficiência média de renda o pagamento de benefícios é superior ao FPM" (*In: Revista de Previdência Social*, LTr., agosto/99, p. 802)

Demonstrando a importância do benefício pago pela Previdência Social, o referido autor chega a algumas constatações curiosas e importantes. Segundo apresenta, é comum no Nordeste as famílias disputarem o albergue do idoso segurado, tendo em vista o salário fixo que este recebe, sendo comum rodízios entre os filhos e parentes: um determinado período fica com um, após com outro, assim por diante. Em Afogados da Ingazeira (PE), a venda "fiado" ocorre mediante a apresentação do comprovante de aposentado ou pensionista, enquanto em Monteiro, na Paraíba, é proibido o comércio feito pelos ambulantes, de fora da cidade, em dias de recebimento dos benefícios (Idem, p. 803).

A mensagem panfletária feita pelo Governo Federal, dizendo que existem distorções nos benefícios, de modo que alguns percebem salários estratosféricos, pode muito bem ser aplicada a alguns casos dentro do regime dos servidores públicos (que são exceção à regra), sendo inverídico o raciocínio em se tratando do RGPS.

Outro equívoco cometido pelo Governo de FHC, é unificar os benefícios prestados pelo Seguro Social, fruto das contribuições dos segurados, com os auxílios assistenciais, que não necessitam nenhuma contribuição e fazem parte da Seguridade Social, uma vez que pertencem à Assistência. Uma coisa, portanto, são os benefícios regulares, de aposentadorias e pensões, por exemplo; outra, bem diferente, são os benefícios do Amparo Assistencial, que substituíram a Renda Mensal Vitalícia, destinada à manutenção da subsistência das pessoas idosas, inválidas para o trabalho, e dos deficientes, conforme ordenou o art. 203, inc. V, da CF/88.[60]

Essa confusão, a meu ver intencional, resta por tornar inviável nosso sistema de Previdência Social, tendo em vista que confunde "seguro" com "assistência" social, ficando esquecido que o sistema é responsável somente pelo seguro social.

Para tornar subsistente essa tese, vale considerar o discurso do então Ministro da Previdência Social, Sr. Sérgio Cutolo dos Santos, repisando estes argumentos:

> "No caso dos contribuintes do INSS, outra grande iniquidade é cometida. A Previdência Social gastará em 1994 mais de US$ 6 bilhões com o pagamento de aposentados e pensionistas que nunca contribuíram para o sistema. Embora não se discuta a justiça social destes benefícios, que abrangem uma clientela carente, basicamente trabalhadores rurais e maiores de 70 anos, sua forma de financiamento é marcadamente injusta (...) (*In: Revista de Previdência Social*, LTr., jun./94, p. 427)

---

[60] Convém esclarecer que o auxílio assistencial, denominado Renda Mensal Vitalícia, foi instituído pela Lei nº 6.179/74, visando a atender, justamente, aos idosos maiores de setenta anos que não possuíssem condições de proverem suas subsistências, eis que incapacitados para o exercício de qualquer atividade laborativa. Devido à exigência constitucional, de um amparo assistencial que atendesse também aos deficientes, veio a Lei nº 8.742/93, que organizou a Assistência Social (LOAS). Este auxílio, portanto, muito embora seja gestionado e pago pelo INSS, não é um benefício de prestação continuada como os demais, tendo em vista tratar-se de um amparo, um auxílio que prescinde de contribuição. Ocorre, porém, que, na prática, restou frustrado o recebimento deste amparo, uma vez que a lei que o instituiu exige dos pretendentes que tenham uma renda *per capita* inferior à do salário mínimo (cf. art. 20, § 3º). Nada mais é, por isso, que um engodo, uma farsa, chegando ao ponto de o Governo Federal possuir a rubrica para o auxílio e não existir um significativo número de pretendentes que preencham o requisito econômico constante na lei referida. Esta situação, cuja eficiência auxiliaria em muito as famílias mais pobres do país, sendo um fator de distribuição de renda, foi por mim denunciada no artigo denominado "Da Renda Mensal Vitalícia ao Amparo Assistencial: alguns questionamentos", publicado na *Revista de Previdência Social*, LTr., abr./98.

Da fala do então Ministro, podem-se extrair alguns questionamentos importantes. Primeiro, não pode aquela autoridade máxima da Previdência Social desconhecer que o numerário deste auxílio é tão-somente repassado pelo INSS, gestor do Seguro Social, tendo em vista que a verba vem da União, e não dos cofres do Instituto, como faz crer. Segundo, quem financia este auxílio é toda a sociedade, mediante o pagamento dos impostos e similares, bem como as empresas privadas, através do COFINS e da Contribuição Social sobre o Lucro. E não adianta reconhecer a "justiça social" do pagamento deste, o que só faz aumentar a hipocrisia.

No que respeita aos encargos com os trabalhadores rurais, como tangenciou o Ministro na citação acima, esconde, igualmente, falsas verdades que confundem a população.

Afirmo isto porque não são ditas duas verdades essenciais à compreensão do problema: a) embora a CF/88 tenha equiparado os benefícios urbanos e rurais, trata-se de dois subsistemas distintos, o primeiro altamente superavitário e o segundo deficitário (Munhoz, *In:* Carrion e Vizentini (Org.), 1999: 246) e b) as formas de financiamento destes dois sistemas são igualmente distintas, sendo que o trabalhador rural, não-empregado, contribui para o sistema mediante um percentual sobre suas vendas. Afora isso, imprescindível é lembrar que o aumento significativo dos valores pagos pela Previdência Social aos segurados rurais ocorreu a partir de 1988, em virtude do recebimento integral do salário mínimo, por força constitucional.

Desfazendo estas confusões, ou ideologias fundamentadoras da necessidade de uma Reforma Previdenciária, como chamou a imprensa e o próprio Governo Federal, passo à análise desta, notadamente a partir da vigência da Emenda Constitucional nº 20/98.

Pelo nosso sistema jurídico, sob o ponto de vista da hierarquia das normas, somente uma emenda à Constituição poderia alterar os princípios constitucionais consagrados em 1988. Foi o que ocorreu. Após inúmeras Medidas Provisórias, em que o Executivo assume, na prática, o papel de legislador, veio a EC nº 20, que trouxe, no mínimo, duas mudanças estruturais: primeiro, a substituição do paradigma do "tempo de serviço" pelo "tempo de contribuição", como se verificará a seguir e, segundo, a imposição de uma idade mínima aos segurados que desejassem aposentar-se.[61]

Com a alteração da nomenclatura da aposentadoria por tempo de serviço, que passou a denominar-se por tempo de contribuição, não somente o nome foi alterado. Isto porque aquela gama de segurados, a exemplo dos trabalhadores rurais e daqueles sem sua CTPS assinada, não poderão considerar este tempo de serviço, por tratar-se de tempo sem contribuição.

Os trabalhadores sem CTPS assinada aumentam sensivelmente, tendo em vista a precarização do trabalho, o subemprego e o desemprego propriamente dito, frutos do novo modelo neoliberal imperante. Somente para se citar um exemplo, tomando o caso brasileiro, em 1995, segundo dados do IBGE/PNAD, 1995, p. 49, mais de 40% dos empregados do setor privado não tinham sua CTPS assinada. Convém perguntar: como essa gama de trabalhadores irá se aposentar, se as empresas não recolherem as alíquotas previdenciárias?

Na medida em que, com a reforma, a responsabilidade de provar o tempo de contribuição passou para os

---

[61] A idade mínima de 53 anos para o homem e de 48 anos para as mulheres, que o projeto de lei originalmente previa para ambos os regimes, dos servidores e do RGPS, somente vingou para os primeiros. Não levou menos que doze meses e o Governo Federal alterou novamente a legislação previdenciária, para os segurados do RGPS, através da instituição do Fator Previdenciário, como ver-se-á adiante, alcançando, na prática, o que pretendia através de complicada fórmula onde considera o tempo de contribuição, a idade dos segurados e uma nebulosa taxa de sobrevida (ou seja, o tempo médio em que usufruirão o sistema). Com isso, os segurados passam mais tempo no sistema, utilizando um menor tempo quando da inatividade.

trabalhadores, mais uma vez as grandes empresas e os maus pagadores ficaram impunes, onerando os trabalhadores com uma prova que dificilmente poderão apresentar.

O governo federal, também neste tópico, utilizou argumentos falaciosos para alterar a aposentadoria por tempo de serviço, porque

"diferentemente da alegação do governo, a aposentadoria por tempo de serviço não constitui privilégio de trabalhadores de alta renda, pois, segundo os dados do Anuário Estatístico da Previdência Social (MPAS, INSS, 1994), do número total de aposentadorias por tempo de serviço concedidas nos anos de 1992, 1993 e 1994, uma parcela equivalente a 36,6% recebia benefícios até três salários mínimos, 67,4% recebiam benefício máximo de cinco salários mínimos (...) apenas 2,4% dos aposentados do grupo percebiam aposentadoria acima de oito salários mínimos. Tais dados se confirmariam se se considerar que os trabalhadores sempre incorporam ganhos ao longo da vida laboral em função de ascensão funcional – que a ATS beneficia exatamente os grupos de baixa renda, constituídos por aqueles que, por razões econômicas, tiveram de ingressar muito cedo no mercado de trabalho" (Munhoz, *In:* Carrion e Vizentini, 1999: 250).

Pela EC nº 20/98, foi extinta a aposentadoria dos professores universitários aos 25 anos de serviço, não restando nenhuma garantia de que o salário-de-benefício observará os ganhos dos segurados, bem como de que terão garantida a manutenção do poder de compra de seus benefícios no decorrer dos anos.[62]

---

[62] Estas garantias, encontradas no corpo da Constituição Federal de 1998, restaram prejudicadas na Emenda Constitucional que aprovou a reforma da previdência, relegando à lei ordinária as garantias que estavam constitucionalmente asseguradas.

Por não ter conseguido impor o limite de idade aos segurados do regime geral, o governo não tardou sua ira, enviando ao Congresso Nacional o Projeto de Lei nº 1.527-c, que, aprovado, virou Lei em 29/11/99.

Com esta nova reforma, ou, quiçá, a reforma da reforma, resultante da Lei nº 1527/99, o governo conseguiu o antigo objetivo que vinha perseguindo, qual seja, o retardamento do pedido da aposentadoria.

É interessante observar que esta pretensão foi precedida de mais falácias e engodos, em que era defendido o término da idade limite para a aposentadoria, podendo os segurados requererem-na em qualquer idade com o argumento de que, com a nova fórmula previdenciária, não haveria mais faixas salariais, de modo que os segurados poderiam pagar o que bem entendessem.

Ora, de nada adianta o trabalhador poder pedir a qualquer tempo sua aposentadoria por tempo de serviço, se o valor desta resultar em uma importância insignificante, assim como de nada vale ele poder contribuir sem limites de faixas salariais, tendo em vista a precária situação socioeconômica da majoritária parcela dos trabalhadores.

Por outro lado, a fórmula trazida pelo chamado Fator Previdenciário,[63] atende aos desejos do governo, embora esteja distante dos anseios dos trabalhadores.

Esta fórmula considerou a expectativa de vida feita pelo IBGE no ano de 1995, montando, a partir daí, os percentuais que deverão ser aplicados na fórmula. Essa taxa é bastante questionável, tendo em vista os critérios com que são montadas estas análises, porque os cidadãos

---

[63] Esta fórmula consiste na seguinte equação: $F = \dfrac{Tc \times a \times 1}{Es} + \dfrac{(Id + Tc \times a)}{100}$.

O fator previdenciário é calculado tendo como base o tempo de contribuição, multiplicado pela expectativa de sobrevida; multiplicado, o valor encontrado, pelo resultado da soma da idade do segurado no momento da aposentadoria com seu tempo de contribuição; este é multiplicado pela alíquota de contribuição (de 0,31) e dividido por 100; depois é somado com 1 e multiplicado pelo primeiro valor encontrado.

de melhores condições socioeconômicas terminam por contribuir para o aumento da taxa dos demais. É o mesmo referencial feito no cálculo da renda *per capita*, de modo que podemos ter uma alta renda *per capita* num país extremamente miserável.

A Lei nº 1527/99, ou o retrocesso do retrocesso, contribui para o achatamento dos salários-de-benefícios, tendo em vista que deixam de ser calculados na base dos últimos trinta e seis salários-de-contribuição e passam a ser tomados os salários a partir de 07/99, ou seja, no mínimo sessenta e um meses, o que tende, naturalmente, a reduzir sensivelmente o valor inicial dos benefícios.

Passa-se, no tópico seguinte, à análise do discurso e prática privatizantes, de modo que se tenha uma compreensão do referido, buscando alternativas e subsídios para uma nova Previdência Social.

3.4. Por que privatizar a previdência?

Acredito ser importante a citação e análise dos enunciados e postulados neoliberais, especialmente no caso brasileiro, tendo em vista a tendência privatizante que tomou conta do país.

Tentarei, no decorrer desta análise, demonstrar os limites destes postulados, muito embora se saiba da posição totalitária do neoliberalismo e do pensamento único. Quiçá, caiba algo de novo e diferente fora dele.

Começamos pelo então Ministro da Previdência e Assistência Social, Reinhold Stephanes, que, durante o período em que exerceu as funções de Ministro do MPAS, virou articulista e propagandista da privatização da Previdência Social brasileira. Na Revista de Previdência Social de janeiro de 1998, encontra-se seu vaticínio:

"O esforço do governo para garantir a viabilidade do sistema previdenciário no futuro está fundamentado em estudos desenvolvidos por atuários e demógrafos, que analisam o impacto financeiro de cada uma de suas regras. Os técnicos procuraram estabelecer um esquema de financiamento próprio aos benefícios existentes, pois uma ampliação, sem a adequada contrapartida de recursos, poderá comprometer todo o sistema. Esses estudos estão relacionados ao fato de que no Brasil a Previdência Social funciona em regime de repartição simples, com transferência de renda entre os indivíduos da mesma geração e com trabalhadores em atividade financiando os ativos. *A tendência, no entanto, é de que este regime venha a se transformar em capitalização, igualando o que cada um pagou com o que receberá"* (*In: RPS* 206/15 – o grifo é meu).

Os estudiosos, demógrafos e técnicos de que fala o ex-Ministro[64] certamente são aqueles que elaboraram os quadros, oriundos do FMI, que ilustraram seu livro.

Neste mesmo artigo, denominado "A Previdência do Futuro", o articulista justifica a existência de uma Previdência Pública, para os pobres, e outra, privada, para os mais abastados. Aduz, no final do artigo, que os

---

[64] Autor, diga-se de passagem, da obra "Previdência Social: uma solução gerencial e estrutural", Porto Alegre : Síntese, 1993, onde já preconizava a importância dos fundos privados de pensões, como medida de aquecimento da economia e incremento da poupança interna. Lemos, na referida obra, que "No Brasil, os fundos de pensão privados são de desenvolvimento recente, porém apresentam boas perspectivas (...) "Enquanto as patrocinadoras privadas devem possuir autonomia de decisão, tendo como limite apenas o plano atuarial, as patrocinadoras públicas precisam obedecer a rigorosa disciplina em relação à sua participação, em virtude do envolvimento de recursos de toda a sociedade" (Op. cit., p. 60). Não poupa elogios ao sistema chileno, que "tem sido mencionado como exemplo de previdência privada" (Idem, p. 61), cujos "contribuintes exercem o direito de livre escolha do fundo ao qual desejam pertencer, podendo acompanhar a evolução de sua conta individual" (Idem, ibidem). Chamam a atenção do leitor as tabelas utilizadas pelo autor, para justificar o esgotamento do sistema brasileiro, de autoria do FMI, denominado "Relatório Brasil: opções para Reforma da Seguridade Social".

fundos privados seriam um fator impulsionante ao desenvolvimento do país.

Seu colega de partido, Senador Jorge Bornhausen, presidente nacional do Partido da Frente Liberal, em entrevista à revista ISTO É (3.3.99), foi peremptório ao afirmar a necessidade de uma segunda reforma da Previdência Social, tendo em vista que esta primeira foi somente para "conter o rombo", e a segunda deverá ser para torná-la "por capitalização, um instrumento de poupança interna", preconizando uma maior participação da iniciativa privada neste setor.

Já em Roberto Campos, quiçá o arauto maior do neoliberalismo brasileiro, verificamos a mesma linguagem de Stephanes. Em sua estréia na revista Veja (18.02.99), seu artigo preconiza que a "Previdência atual é antidemocrática, anti-social e anti-desenvolvimentista", sendo que "a única solução para evitar os predadores políticos é o abandono do sistema de repartição em favor do sistema de capitalização previdenciária" (Leite, 1998).

Segundo o ex-Senador, em outro artigo estampado no jornal "O Globo" (6.12.92), é necessário que a Previdência se modernize, e isso somente será possível com sua privatização, mesmo que em caráter opcional. Este posicionamento, da transformação do sistema em capitalização individual, aniquila o principal fundamento de todo e qualquer sistema de Previdência Social, qual seja o caráter solidário que deve ter.

Como percebeu Vicente de Paula Faleiros:

"A pregação neoliberal na defesa do regime de capitalização não leva em conta a questão da eqüidade. Na formulação de uma política para a previdência social. Ao contrário, salienta a desigualdade como algo natural e que se expressa no mercado" (Faleiros, *In:* Previdência Social e Neoliberalismo, *Universidade e Sociedade*, nº 6, julho/94, p. 90).

O messianismo neoliberal não considera que a Previdência Social seja um fator de distribuição de renda mínima àqueles cidadãos que não possuem nenhuma outra perspectiva ao final de suas atividades. "Não se pode conceber a cidadania sem as garantias desses direitos", diz Faleiros (idem, p. 92), referindo-se ao exercício dos direitos sociais.

É necessário que se entenda, portanto, que a pregação neoliberal situa-se dentro das políticas ditadas pelo Fundo Monetário Internacional (FMI), em que os países ricos terminam com qualquer autonomia dos países pobres, uma vez que estes se tornam cada vez mais dependentes e sem condições de erigir políticas públicas. Assim, deixa de haver lugar especialmente para as políticas de seguridade social, tendo em vista que são "caras" demais para serem suportadas pelo Estado.

No pensamento de Dércio Munhoz,

> "Existem indícios inúmeros de que maximizar o papel das reformas, sem especificar muito claramente tudo o que se pretendia mudar, o porquê das mudanças e inclusive de que forma uma mudança qualquer viabilizaria resultados prometidos, fazia parte de uma estratégia mais ampla. Pois com isso ficou o campo aberto para, em nome da necessidade das reformas, procurar avançar na materialização das propostas de caráter neoliberal, recomendadas pelo Consenso de Washington" (Munhoz, 1998: 252/253).

Por outro lado, fica claro que o nosso sistema de Previdência Social pública até então não foi privatizado porque não está completamente saneado, obstáculo este que restará superado após as reformas que vêm sendo feitas pelo Governo Federal.

Isso ficou bem explícito nos debates da primeira reforma ocorrida, em 1998, quando o Sr. Antônio Penteado de Mendonça, sócio da APM Seguros, Consultores e Corretores, alegou que a privatização do seguro de acidentes do trabalho "precisa ser feita com muito cuidado, levando-se em conta a realidade brasileira, que nos coloca como recordistas mundiais nesse tipo de sinistro" (*In: Folha de São Paulo*, 27/9/93, p. 22).

É evidente que o capital financeiro, cuja ganância visa ao lucro fácil com um mínimo de riscos, não se interessa pelo sistema brasileiro como ele se encontra, ainda mais quando teriam, em caso de privatização imediata, de pagar a conta dos inativos que se encontram jubilados no sistema. Não é a esmo que eles pretendem a privatização do "filé", que são as contribuições de maior monta, porquanto os demais continuariam a ser pagos pelos combalidos cofres do Estado.

O economista e Deputado Federal José Serra, que pertence à base governista, foi realista em seu artigo denominado "Privatização da Previdência: mito e realidade", publicado nos principais jornais do País e na Revista de Previdência Social da LTr.

Neste pequeno artigo, José Serra coloca as principais razões pelas quais descabe, neste momento, a privatização do sistema previdenciário. Diz o economista e político que

"A razão é simples, incrivelmente simples: o INSS, hoje, remunera cerca de 12 milhões de pessoas, entre aposentados e pensionistas. Todas elas já têm direitos adquiridos. De onde vem a receita para pagá-los? Principalmente dos não-aposentados (e suas empresas) que recolhem para o INSS. Pois bem, caso a previdência seja privatizada, como no Chile, os atuais contribuintes do sistema encaminharão sua contribuição para alguma entidade privada, não mais para o INSS. De onde sairá, então, o dinheiro para pagar as aposentadorias e pensões? Evidentemente, do aumento de outros impostos, ou, o que é mais provável, do aumento de endividamento público. Ou seja, a privatização faria crescer o déficit público a curto e médio prazos! Somente dentro de dez, quinze anos, esse efeito começaria a tornar-se menor" (*In: Revista de Previdência Social*, LTr., jul./92, p. 551).

Ao que parece, o tipo de privatização que o capital financeiro oligopolista deseja é aquele em que os riscos são diminuídos, em que fique livre de quaisquer ônus que limitem o lucro. Os fundos de pensão privados, fundos mútuos e os seguros, diga-se de passagem, foram os ativos financeiros que mais cresceram no mundo globalizado (cf. Chesnais, 1999: 292).

Minha maior preocupação, contudo, está justamente na seguinte questão pontual: quantas reformas serão necessárias para enxugar nosso sistema previdenciário, de modo que ele fique pronto para ser transformado em sistema de capitalização privada? Quantos direitos ainda terão de cair para que isso aconteça? Enfim, quem pagará o débito social deixado?

Para responder estas questões, bem como compreender este processo, que infelizmente me parece em curso, tratarei, no capítulo seguinte, de algumas temáticas correlatas à seguridade, tais como o trabalho, o emprego e o movimento sindical no atual estágio do capital globalizado. Além disso, no final deste capítulo, apresentarei os dados de uma pesquisa de campo, realizada junto ao mercado informal da cidade de Pelotas, visando a comprovar os resultados das políticas neoliberais, na realidade mais próxima, ou seja, onde exerço minhas atividades profissionais como docente e como advogado.

No próximo Capítulo, serão abordados os reflexos da mundialização do capital, no que respeita ao trabalho, ao emprego e à seguridade social.

4. Trabalho, emprego e seguridade no neoliberalismo

4.1. Os efeitos da mundialização do capital

Por entender que as políticas de Previdência Social encontram-se dentro de uma realidade maior, é que enfocarei, neste Capítulo, esta temática da globalização ou mundialização do capital.

Penso que, primeiramente, seja necessário analisar as diferenças terminológicas entre os dois conceitos. Isto porque o termo "globalização", como observa François Chesnais (Folha de São Paulo, 2/11/97), é por demais vago.

Chesnais[65] aponta a origem desta expressão, esclarecendo que

> "O adjetivo 'global' surgiu no começo dos anos 80, nas grandes escolas americanas de administração de empresas, as célebres *business management schools* de Harvard, Columbia, Stamford, etc. Foi popularizado nas obras e artigos dos mais hábeis consultores de estratégia de *marketing*, formados nessas escolas – o japonês L. Ohmae (1985 e 1990),

---

[65] François Chesnais, economista francês, é um dos maiores estudiosos desta temática. Seu clássico livro, *La mondialisation du capital*, cuja edição francesa data de 1994, teve sua primeira tradução feita no Brasil em 1996, com um detalhe curioso: foi acrescido de 40 páginas a mais que o original francês.

Previdência e Neoliberalismo

o americano M.E. Porter – ou em estreito contato com elas. Fez sua estréia em nível mundial pelo viés da imprensa econômica e financeira de língua inglesa e em pouquíssimo tempo invadiu o discurso político neoliberal" (Chesnais, 1996: 23)

Parece que o objetivo principal dos ideólogos do neoliberismo foi alcançado, qual seja o de vender a idéia de um mundo novo, sem fronteiras, onde os empresários e os donos do capital teriam o desafio de conquistar novos espaços, tendo em vista a queda do chamado "socialismo real" – quiçá último empecilho que o capitalismo tinha para desenvolver-se em plenitude.

Não é à toa, como observa Chesnais, a dificuldade da aceitação do termo "mundialização",[66] que retrata mais uma nova fase de acumulação do capital. Ou seja, trata-se mais da mundialização do capital do que uma globalização propriamente dita.[67]

Este contexto traz-nos algumas características que passo a analisar, de modo que se possa compreender os reflexos nas políticas de seguridade social, analisadas no item subseqüente.

Aponto, desse modo, os principais tópicos da mundialização:

a) Capital Produtivo *Versus* Capital Especulativo

Nesta nova fase de acumulação capitalista, é inegável que o desenvolvimento da informática e da telemá-

---

[66] Nesta mesma linha segue Celso Furtado, cujo último livro intitula-se justamente "O capitalismo global", Rio de Janeiro : Paz e Terra, 1999. O autor brasileiro, que atualmente vive na França, chama a atenção pelos riscos da ingovernabilidade e o aumento da dependência dos países pobres neste novo cenário desenhado pela mundialização do capitalismo.

[67] Entendo ser mais fiel a análise dos franceses, até mesmo porque não seria correto afirmar-se que os países socializaram suas culturas, costumes, etc. Trata-se, isto sim, de uma imposição dos países ricos, partícipes da tríade (EUA, Japão e Europa), que passam a controlar, cada vez mais, os países pobres, especialmente através da tecnologia e pesquisa, centralizada na referida tríade (cf. Chesnais, 1996, especialmente o Capítulo 6).

tica deu maior dinamismo ao movimento de capitais especulativos. Exemplo disso são as constantes quedas das bolsas de valores.

Marx (1997) já acenava para essa transformação do capital, à medida que este tende a destruir as barreiras espaciais opostas ao intercâmbio, pretendendo conquistar a terra inteira como um mercado, reduzindo a um mínimo o tempo tomado pelo movimento de um lugar ao outro.

A novidade desse novo momento histórico talvez consista na liquidez imediata desse capital, que supera, em muito, o capital industrial como era conhecido. "Este capital vive de retiradas sobre a riqueza criada na produção, transferidas por meio de circuitos que podem ser diretos (dividendos sobre o lucro de empresas) ou indiretos (...)" (Chesnais, Folha de São Paulo, 21.11.97).

Penso que esta nova forma de exploração se reflete diretamente no desemprego estrutural que alarma todos os cantos do planeta. Isto porque o capitalista não necessita mais dos investimentos na produção, muito embora ainda o faça, para ter um lucro máximo e com riscos menores, porque se tornou mais atrativo o mundo especulativo.

b) Desemprego e Precarização do Trabalho

Se na teoria marxista clássica se encontrava a existência, necessária e pertinente, de um exército industrial de reserva, de modo que a abrangência da mão-de-obra mantivesse baixos os custos de produção, nesta nova fase de acumulação capitalista, o desemprego não somente estufa este "bolsão", como também o alimenta com os trabalhadores mais qualificados (Castel, 1998: 521).

Esta desempregabilidade dos mais qualificados pode ser um fato novo, muito embora pareça, num primeiro momento, uma contradição dizer-se que esses trabalhadores também não terão lugar no sistema. Afirmo isto em virtude do discurso neoliberal, cuja pregação insistente é no sentido da qualificação constante dos trabalhadores.

Muito embora entenda seja bastante dramática a forma como Viviane Forrester narra a questão do desemprego, a começar pelo título de seu livro, qual seja "O Horror Econômico" (1997), ninguém ousa discordar que

> "Um desempregado, hoje, não é mais um objeto de uma marginalização provisória, ocasional, que atinge apenas alguns setores; agora, ele está às voltas com uma implosão geral, com um fenômeno comparável a tempestades, ciclones e tornados, que não visam ninguém em particular, mas aos quais ninguém pode resistir. Ele é objeto de uma lógica planetária que supõe a pressão daquilo que se chama trabalho, vale dizer, em empregos" (Forrester, 1997:11).

É interessante observar que David Ricardo já previa, no começo do século XIX, que o uso da máquina traria, necessariamente, uma diminuição nos postos de trabalho. Vejamos seu pensamento:

> "Neste caso, então, embora o produto líquido diminua de valor, e ainda que a sua capacidade para adquirir mercadorias possa aumentar consideravelmente, o produto bruto diminuiria de um valor de 15 mil libras para 7,5 mil libras, e como a capacidade de manter a população e de empregar trabalhadores depende sempre do produto bruto do país e não de produto líquido, ocorrerá necessariamente uma redução da demanda de trabalhadores; uma parte da população tornar-se-á excessiva e a situação da classe trabalhadora será de grande sofrimento e pobreza.
> (...)

O que desejo provar é que a descoberta e o uso da maquinaria podem ser acompanhados por uma redução da produção bruta e, sempre que isso acontecer, será prejudicial para a classe trabalhadora, pois uma parte será desempregada e a população tornar-se-á excessiva em comparação com os fundos disponíveis para empregá-la" (Ricardo, 1988: 212).

Diferentemente da Revolução Industrial (Inglaterra, Séc. XVIII), que trouxe, junto com a modernização através do uso de máquinas, novos postos de trabalho, a Terceira Revolução Industrial, como vem sendo chamado esse processo, a substituição do "trabalho vivo pelo trabalho morto", nas palavras de Marx, coloca um contingente enorme de trabalhadores à deriva do sistema produtivo.

Parece, contudo, que as classes trabalhadores, até então, não sabiam lutar a não ser contra o capital e seus representantes. Quando estes parecem ser mais "ocultos", e, por vezes, prescindir da mão-de-obra assalariada para a reprodução do capital, a luta torna-se mais complexa e difícil.[68]

Impõe-se, neste novo momento histórico, um desafio diferente às classes trabalhadoras: organizarem-se de tal modo que o sistema capitalista seja afrontado.

O desemprego, outrora sazonal e por tempo determinado, passa a ser estrutural, indeterminadamente. Como observa Paul Singer (1998:23), isso "ocorre porque os que são vítimas da desindustrialização em geral não têm pronto acesso aos novos postos de trabalho".

Esse desemprego atinge não somente os supranumerários, como afirma Robert Castel (1998), mas também os jovens recém-formados e os trabalhadores em

---

[68] Acredito que os partidos de esquerda devem superar o discurso do combate ao desemprego e dos reflexos advindos com o neoliberalismo vigente, de modo que passem a apontar outros caminhos que possibilitem a construção de espaços não-capitalistas. Quiçá, a partir da mudança das partes, se possa algum dia mudar o sistema como um todo.

idade mais avançada, porém não muito avançada, pois, para o mercado, aos trinta anos o trabalhador pode ser considerado velho.

Paul Singer, a meu ver, enfoca o âmago da questão quando afirma que o capital está cada vez mais descentralizado, preferindo, no estágio atual, "explorar o trabalho humano mediante a compra de serviços, em vez de contratar força de trabalho" (1997: 18). Por outro lado, encontra-se centralizado na tríade, especialmente nas empresas transnacionais de grande porte, embora esteja descentralizado na apropriação de recursos e nos processos de tomada da força de trabalho.

Penso, também, que o conjunto das classes trabalhadoras não pode desconhecer essa lógica. Isto porque, pelo que vem sendo observado, os trabalhadores estão sendo incentivados a organizarem-se em cooperativas de trabalho e similares, como se, com isso, fossem mudar o sistema capitalista. Muito pelo contrário, não somente o fortalecem como assumem essa lógica imposta ideologicamente pelo sistema. O que não impede, dialeticamente, que estas formas de organização tomem um novo sentido, não somente como forma de sobrevivência dos trabalhadores, como também de enfrentamento ao sistema capitalista.

Devido a esta quebra do contrato de trabalho, como tradicionalmente vinha sendo realizado, é que este tende a precarizar-se cada vez mais. Resultado disso é o rebaixamento dos salários e o entendimento dos direitos e garantias sociais como se privilégios fossem.

O dilema que se apresenta é o seguinte: ou adaptamo-nos às novas "leis", ou seremos alijados do sistema.

Mas quem sabe aí, justamente nesta falsa opção, reside uma saída viável ao capitalismo: o enfrentamento com os valores trazidos pelo neoliberalismo, buscando uma resistência ao imposto, na perspectiva da criação de novas alternativas – não para o modelo em esgotamento ou transição – mas sim para a organização de uma nova concepção de sociedade, mais justa e igualitária?

A mesma leitura feita por Claudio Lozano, da Argentina, parece que pode ser feita para os demais países latino-americanos: "una parte significativa de la pobreza que hoy exhibe la Argentina se esconde detrás de las puertas de los departamentos y las casas. No es registrable como población marginal ni atendible por la vía de una estrategia de focalización" (Lozano, 1999: 163).

Esta estratégia de precarização e desregulamentação do contrato de trabalho, observa esse autor, é fruto do receituário do FMI e do Banco Mundial. Continua o autor, dizendo que

> "Más aún, en tanto las políticas sociales de carácter focalizado tienden a acompañarse por 'mecanismos de mercado' en el campo de la salud, la educación y la previsión social, la autoridad pública tiende a evadirse de la tarea de dar respuesta a los problemas que presenta la mayor parte de la población. En tanto, la idea de mercado aplicada al campo de las políticas sociales se funda en la resolución individual de los problemas de orden sanitário, educacional y previsional en base a la capacidad de ahorro que cada uno posea, y ésta depende del nivel de ingresos asociado al cuadro ocupacional descripto, la consecuencia es el abandono de importantes sectores poblacionales a una situación de desprotección y precariedad" (idem, ibidem).[69]

---

[69] Mais ainda, enquanto as políticas sociais de caráter focalizado tendem a acompanhar-se por 'mecanismos de mercado', no campo da saúde, da educação e da previsão social, a autoridade pública tende a esquivar-se da tarefa de dar respostas aos problemas apresentados pela maior parte da população. No entanto, a idéia de mercado aplicada no campo das políticas sociais funda-se na resolução individual e previsional com base na capacidade de contribuição que cada um possui do nível de ingressos associados ao quadro ocupacional descrito, sendo a conseqüência é o abandono de importantes setores populacionais a uma situação de desproteção e precariedade" (tradução do autor).

Claudio Lozano percebeu bem as regras do jogo ditadas pelo FMI, onde os Estados deixam de ter aquele papel de financiador das políticas públicas, sendo tudo jogado ao sacrossanto "mercado", o novo senhor ao qual todos deverão erigir os altares e ofertar suas preces.

É importante considerar, para se compreender a análise de Lozano, que a Argentina privatizou, em 1994, seu sistema de Previdência Social, instituindo as chamadas "Cajas de Ahorro y Pensiones". Lozano critica esta realidade, alegando que a solução da questão previdenciária se dá de forma egoísta, tendo em vista o sistema de capitalização individual (poupança) adotado por seu país.

Segue, abaixo, uma tabela elucidativa, onde encontramos os níveis de desemprego na Argentina, no ano de 1996, provando que os mais afetados são os pobres.

Nivel de desocupación en la Argentina

QUINTILES	NIVEL MÁXIMO DE LOS INGRESOS	TASA DE DESOCUPACIÓN
1 (20% más pobre)	612	32,7%
2	704	21,8%
3	942	15,7%
4	1.600,5	9,3%
5 (20% más rico)	22.506	5,7%

FONTE: INDEC, EPH, Abril de 1996. (Lozano, 1999)

Podemos afirmar, portanto, que o aumento dos desocupados ou desempregados se reflete diretamente em nosso sistema previdenciário, tendo em vista que, quanto mais precarizado for o trabalho, menos trabalhadores estarão em condições econômicas de contribuir para a Previdência Social.

No Brasil, mais da metade dos trabalhadores não possui suas carteiras de trabalho assinadas, sendo que entre os domésticos o percentual é ainda maior: cerca de 1,6%, num total de 7,4% trabalhadores domésticos, não possui sua CTPS assinada (França, 1998: 29).

Na tabela seguinte, será examinado o aumento do trabalho informal na Grande São Paulo (Brasil), nos anos de 89, 93 e 95.

**Números de trabalhadores informais
e desempregados, comparados com a
população economicamente ativa
Grande São Paulo (89-95, em milhares)**

Trabalhadores Informais	outubro 1989	outubro 1993	outubro 1995
Assalariados não-registrados	597.1	651.3	730.8
Autônomos	1,023.5	1,282.1	1,318.0
Serviços domésticos	400.2	79,9	532.1
Total	2,020.8	2,413.3	2,580.9
Desempregados	517.0	1,098.0	1,102.0
População Economicamente Ativa	7,078.0	7,954.0	8,221.0
Proporção dos trabalhadores informais ou desempregados (%)	35,9	44,1	44,8

FONTE: SEADE/DIEESE. Pesquisa de Emprego e Desemprego na Grande São Paulo, outubro, 1995. (Singer, 1998)

No item 4.2, examinaremos, através de uma pesquisa de campo aplicada junto aos setores da economia informal de Pelotas, RS, a precarização do trabalho e a contribuição previdenciária deste importante setor.

Este processo de substituição da mão-de-obra assalariada pelo trabalho autônomo ou terceirizado, como vem ocorrendo em nosso país, traz consigo inúmeras perdas às classes trabalhadoras, notadamente a perda dos direitos trabalhistas e previdenciários.

No item subseqüente, serão analisadas a desregulamentação do contrato de trabalho e suas principais consequências.

c) Desregulamentação do Contrato de Trabalho

Se o contrato de trabalho já foi, num passado não muito remoto, uma forma de assegurar a formalidade da venda da força de trabalho, dando-lhe ares de legitimidade, a partir de sua legalidade, o discurso e a prática neoliberais põem por terra essa relação. O motivo apresentado é relativamente simples: compete ao mercado, mais uma vez, o estabelecimento das condições em que se dará todo e qualquer trabalho. A interferência externa, seja do Estado ou dos sindicatos, por exemplo, é nociva ao desenvolvimento pleno das relações produtivas, segundo a justificativa neoliberal.

Ocorre, entretanto, que o contrato de trabalho, especialmente aquele por prazo indeterminado, hoje em vias de extinção (Singer, 1998), trazia aos trabalhadores um mínimo de garantia, especialmente no que se refere aos direitos sociais e previdenciários. Na nova conjuntura, por sua vez, quem mais perde são os trabalhadores, que sequer têm garantida a possibilidade à reprodução de sua força de trabalho.

O referencial teórico de que o Estado capitalista, qualquer que fosse, interviria nas relações trabalhistas para assegurar a reprodução da força-de-trabalho (Faleiros, 1995), tem de ser refeito, uma vez que o próprio Estado, atualmente, utiliza seu "fundo público" somente para financiar o capital (Oliveira, 1998). O capital nunca esteve preocupado, nem um pouco, com o trabalhador, até mesmo porque já não necessita mais de sua força de trabalho, tamanho é o processo de mecanização e automação das fábricas e indústrias.[70]

A política neoliberal, ao quebrar os elos do contrato de trabalho tal como era conhecido, coloca o trabalhador diante de uma nova realidade, qual seja a da venda de sua força de trabalho para, minimamente, manter-se vivo. Essa venda, porém, passa a dar-se sob a forma da venda de serviços, como já foi visto no item anterior. Os trabalhadores passam a ser considerados autônomos ou trabalhadores "por conta própria". Os empregadores, por sua vez, terceirizam as funções que antes eram desenvolvidas pelos empregados regulares, descomprometendo-se com a vida desses trabalhadores.[71]

---

[70] Isto explica como, no Brasil, mantém-se um programa de auxílio a bancos falidos (intitulado de PROER – Programa de Estímulo à Reestruturação do Sistema Financeiro Nacional), através do qual o governo investe milhões de dólares para "salvar" os banqueiros, dinheiro este que poderia ser investido na produção primária ou em programas de melhoria de qualidade de vida da população mais pobre. Quanto ao processo de automação, é graças a ele que uma fábrica da FORD, por exemplo, altamente complexa e automatizada, deixa de se instalar no ABC paulista, onde os salários seriam mais altos e a pressão dos sindicatos mais sentida, para ir, após a quase instalação do Rio Grande do Sul, para uma pequena cidade da Bahia. Isso prova que a indústria não necessita mais de mão-de-obra especializada, a não ser em alguns setores específicos, cujos cargos são preenchidos por trabalhadores estrangeiros, contribuindo para a diminuição do desemprego em seus países de origem.

[71] Inúmeras pseudocooperativas de trabalhadores estão surgindo dentro desta lógica da terceirização. São falsas porque, na verdade dos fatos, os trabalhadores são os mesmos de antes, aqueles que compactuaram com uma rescisão do contrato de trabalho somente para retirarem o FGTS e receberem o seguro-desemprego. Passam, magicamente, de empregados para cooperados ou associados de uma empresa que vende seus préstimos para a empresa compradora. Os salários destes trabalhadores caem sensivelmente, como deixam de ter os direitos trabalhistas (férias, gratificação natalina, FGTS etc.) que antes tinham por força de lei. Devem, nesta nova conjuntura, pagar o INSS como autônomos, o que quase nunca acontece. O trabalho fica cada vez mais precarizado e o trabalhador, sem direito algum, inclusive perante a própria entidade a que pertence, uma vez que, facilmente, encerra suas atividades quando o negócio não lhe for mais conveniente, abrindo em seguida outra entidade com novo nome e endereço. Este fato, infelizmente, vem-se repetindo freqüentemente, especialmente naquelas empresas de vigilância e limpeza.

É por isso que assistimos, com certa insistência, à pregação da flexibilização dos direitos trabalhistas. O raciocínio é mais ou menos este: com uma carga enorme de obrigações, não é mais possível que nossos empresários e empregadores concorram em nível internacional. Na China, como alegam, o salário mínimo não passa de US$ 50,00, para uma jornada laboral bem superior à brasileira.

Logo, dizem os defensores da queda dos direitos trabalhistas, é imprescindível que as reformas terminem com estes "privilégios", tornando mais flexíveis as relações de trabalho. A própria Justiça do Trabalho, entre nós, está sendo questionada em sua existência. Os argumentos, por incrível que possa parecer, vão da lentidão dos processos (como se não existisse morosidade nas outras áreas) ao custo do processo, como se a Justiça tivesse que dar lucro.[72]

D) O Enfraquecimento dos Sindicatos

Talvez os sindicatos, bem como os partidos políticos de esquerda, estejam com dificuldades para avaliar um fato importante neste processo, qual seja a perda de suas bases de sustentação. Sindicatos e partidos ainda estão perplexos diante da nova situação, em que não dispõem nem de experiências práticas, nem de categorias de análise adequadas à heterogeneidade dos sujeitos. Não conseguem analisar, ainda, essa nova configuração: seja das classes que representam, seja das classes com as quais devem confrontar-se.

A cada parcela de trabalhadores que deixam suas funções e passam a exercer atividades enquanto autônomos e similares, não somente a arrecadação cai, mas,

---

[72] O projeto original do Governo Federal é retirar a autonomia desta Justiça Especializada, passando-a para a Justiça Federal, devendo funcionar como uma secção especializada. O objetivo principal, sem dúvida, é retirar dela o poder normativo, de modo que os Tribunais deixem de apreciar as cláusulas econômicas constantes nos dissídios coletivos.

também, a pressão do grupo tende a diminuir. Até mesmo o fantasma do "desemprego", que a todos assusta, faz com que os trabalhadores utilizem todos os recursos disponíveis para manterem seus empregos, mesmo que isso resulte num suicídio do sindicalista de outrora.

Logo, o mercado não mais admite, nesta nova concepção, qualquer forma de interferência externa, nem do Estado nem das entidades sindicais. Estas interferências resultam em um entrave para o desenvolvimento pleno do capital, afirmam os profetas do neoliberalismo.

Como observou Kurz (1997), torna-se cada vez mais difícil organizar os precarizados, até mesmo porque não possuem interesses coletivos comuns. Perseguem, no mais das vezes, qualquer meio que lhes possa manter vivos.

A análise marxiana, por seu turno, sobre a incapacidade organizacional do lupensinato, merece ser revista. Isto porque, ao contrário do que pensava Marx, vários setores conhecidos como os "sem", atualmente, encontram-se extremamente organizados em defesa de seus direitos.[73]

Por outro lado, penso que devemos aprender com a prática neoliberal, avançando em alguns pontos até então deficientes e lacunares.

Acredito que o movimento sindical deva desvencilhar-se, de uma vez por todas, de todo e qualquer resquício de paternalismo ainda vigente, herança da estrutura autoritária, centralizada pelo Estado, e introduzida pelo Governo Vargas.

---

[73] Encontram-se, no Brasil, alguns grupos que conseguiram organizar-se e arrancar, através de sua organização e luta, alguns direitos importantes. Citam-se, por exemplo, o Movimento dos Trabalhadores Sem Terra e os Sem Teto, em São Paulo. O primeiro, diga-se de passagem, representa um sinal de mudança dentro do cenário capitalista nacional e internacional, cuja luta ganhou o respeito inclusive dos adversários do movimento pela terra.

Previdência e Neoliberalismo

Por um lado, o Governo de FHC intenta, além de terminar com a unicidade sindical, que seria a morte para os sindicatos menores de nosso país, fulminar a obrigatoriedade dos descontos contributivos para todos os partícipes da categoria, sindicalizados ou não.

Por outro lado, devemos questionar, sem medo, o instituto do desconto anual (um dia de salário de cada trabalhador, feito no mês de março de cada ano), uma vez que é este recurso que mantém os sindicatos atrelados ao patronato e corrompe as lideranças dos trabalhadores.

É óbvio que os sindicatos deverão procurar formas alternativas de sobrevivência, porque retirar, abruptamente, o principal recurso de que dispõem para manter suas políticas é decretar, antecipadamente, seu óbito.

Não se pode esquecer, em contrapartida, que

"Foi graças à pressão de forças sociais que os salários subiram acompanhando os incrementos de produtividade, que foram criados os sistemas de previdência social e se definiram políticas de ajuda a regiões menos desenvolvidas" (Furtado, 1999: 76).

Vislumbram-se, no Brasil, duas formas bem distintas de encarar o sistema neoliberal vigente: uma liderada pela Central Única dos Trabalhadores (C.U.T), mantendo a defesa dos trabalhadores e seus direitos; e outra encabeçada pela Força Sindical, onde o que importa são os resultados a serem alcançados, havendo transigência de direitos em troca daqueles.

Não é de hoje, porém, que os sindicatos em geral descuidam de um tratamento específico a seu quadro de aposentados. A responsabilidade do sindicato geralmente cessa quando da rescisão do contrato de trabalho, passando, a partir daí, a ser um problema da Previdência Social; faltam, portanto, políticas específicas dos sindicatos para encaminharem as lutas e os anseios de seus aposentados, pensionistas e, por que não, até dos desempregados das categorias que representam.

Tentarei, no final deste tópico, fazer uma ligação entre as temáticas até aqui estudadas, com a seguridade social, objeto deste trabalho, tendo como referencial o modelo neoliberal imperante.

Perry Anderson (1995: 16) traz alguns dados interessantes sobre o crescimento dos países da OCDE, no que respeita aos gastos com as políticas sociais. Segundo este autor, não houve crescimento significativo durante as décadas de 70 e 80, "porque a desregulamentação financeira, que foi um elemento tão importante do programa neoliberal, criou condições muito propícias para a inversão especulativa, mais do que para os investimentos do setor produtivo.

Anderson afirma, ainda, que estes Estados acabaram gastando altas cifras em programas como o do seguro-desemprego ou com o aumento demográfico dos aposentados e pensionistas.

Não pairam dúvidas, a meu ver, sobre o fato discurso do Estado Mínimo valer tão-somente para os países pobres e dependentes. Tanto é verdade que o tamanho do Estado não diminuiu, ao contrário, aumentou nos países ricos (Chesnais, 1996: 281).

O neoliberalismo, por sua vez, não irá desistir de sua pregação, no sentido de que o Estado não deva contrair "gastos públicos" na aplicação e no financiamento de políticas sociais. Por outro lado, os capitalistas estão atentos para o rentável e promissor mercado dos seguros, incluindo, nestes, os sistemas de captação das contribuições previdenciárias dos trabalhadores em geral.

Com isso, não somente o Estado deixa de gastar com as políticas sociais, como vinha fazendo, mas refinancia o capital especulativo e financeiro, ainda deixando, como presente, mais um mercado de investimentos para os capitalistas explorarem a seu *bel-prazer*.

A lógica parece perfeita, e o caminho já foi trilhado por vários países latino-americanos, dentre os quais Chile, Equador, Peru e Argentina.

Este trabalho visa, talvez na contramão deste processo, a trilhar um caminho diferente. Por isso a defesa, no último Capítulo que segue, da Previdência Pública, ainda estatal, e, num segundo momento, de uma Previdência autogestionária, sem o controle do Estado.

No item seguinte, será feita a análise do mercado informal de Pelotas, no intuito de detectar os reflexos do neoliberalismo vigente, bem como de avaliar a contribuição previdenciária de seus trabalhadores. Mais do que dar conteúdo à análise feita até aqui, objetiva-se analisar os reflexos das políticas neoliberais na realidade próxima, ou seja, na cidade onde atuo como professor universitário e advogado previdenciarista.

4.2. O mercado informal de Pelotas: reflexos do neoliberalismo vigente

No intuito de demonstrar os reflexos da política neoliberal, foi realizada uma pesquisa de campo[74] junto aos trabalhadores no mercado informal de Pelotas, especialmente para verificar o deslocamento do trabalho formal para o informal, além de detectar o índice de contribuição para a Previdência Social deste segmento cada vez mais crescente.

Muito embora, num primeiro momento, se planejasse a aplicação da pesquisa junto às principais categorias que caracterizam o mercado informal, tais como *moto-boys*, vendedores ambulantes e camelôs, não se conseguia abranger essa totalidade.

Esta pesquisa analisou, mediante a aplicação de sessenta e quatro formulários, um contingente em torno

---

[74] Participaram, como auxiliares de pesquisa, as seguintes estudantes da Escola de Serviço Social da Universidade Católica de Pelotas: Nádia Munhoz Vieira, Maria da Graça Souza Porto, Maria do Carmo Antunes Gonçalves e Luciana Kluge, às quais desejo externar meu reconhecimento pelo trabalho realizado.

de seiscentos trabalhadores do mercado informal, a maioria pequenos comerciantes que trabalham num mesmo espaço, destinado pela Prefeitura de Pelotas, ao lado da Praça Cipriano Barcelos.[75]

O formulário, anexo no final deste trabalho, foi montado buscando duas informações básicas: primeiro, se houve o deslocamento do trabalho formal para o trabalho informal, analisando, em caso positivo, as características dessa ocorrência, tais como: o aumento da jornada, a precarização do trabalho, etc.; e, segundo, o índice de contribuição previdenciária destes trabalhadores.

Por se tratarem de pessoas simples, montamos o formulário com uma linguagem acessível, utilizando terminologia apropriada à compreensão. A realização da pesquisa foi extremamente gratificante, pois os entrevistados foram receptíveis e facilitaram a aplicação do instrumento, respondendo às questões com seriedade e honestidade. Sentiu-se, na aplicação da entrevista, uma ânsia e necessidade dos informantes em dizerem o que pensavam, especialmente na última questão, em que podiam falar abertamente sobre a Previdência Social.

Passo, pois, à leitura e interpretação dos dados colhidos na pesquisa.

Primeiramente, cabe esclarecer que, deste contingente dos sessenta e quatro trabalhadores do mercado informal ouvidos, 67% são mulheres, enquanto 33% são homens (Gráfico 1). Segundo esclarecimento dos próprios trabalhadores, o universo de mulheres que trabalham no local é de mais ou menos 50%.

A escolaridade dos entrevistados apresentou os seguintes percentuais: 32,8% têm o 1º grau incompleto,

---

[75] Na verdade, são exatos quatrocentos pequenos espaços, onde trabalham, em vários deles, a família inteira, em regime de revezamento. Tal sistemática, aliada à informalidade deste tipo de negócio, dificulta a própria determinação do contingente dos trabalhadores que por ali circulam. Por isso, segundo informações dos próprios entrevistados, o número seiscentos é aproximado.

Previdência e Neoliberalismo

enquanto 25% conseguiram terminar o 1º grau; 29,7% possuem o 2º grau completo, enquanto 9,4% não terminaram o 2º grau. Uma pequena parcela de 1,6% não estudou, e nenhum dos entrevistados chegou a ingressar no 3º grau (Gráfico 3).

Pelos dados levantados com a pesquisa, chega-se à conclusão de que 62% dos trabalhadores do mercado informal pesquisado, antes de exercerem a atividade atual, eram empregados. Somente 36% não tinham Carteira de Trabalho e Previdência Social assinada, nada obstando que, deste pequeno contingente, existisse uma parcela de trabalhadores empregados, mas sem a CTPS assinada (Gráfico 5).

Pode-se afirmar que a maioria dos trabalhadores entrevistados começou a trabalhar no mercado informal como pequeno comerciante, ou seja, por conta e risco próprio, porque perderam seus empregos. Esta afirmação fica incontroversa na resposta dada à questão: "por que começou a trabalhar por conta própria?", onde, 43,8% responderam que o motivo foi o desemprego, enquanto outros 34,4% responderam que optaram por ser uma atividade mais rentável (Gráfico 4). Cabe esclarecer que dos 20,3% que responderam terem sido outros motivos que conduziram ao exercício desta atividade, a razão principal foi o fato de possuírem uma idade não mais compatível com o mercado de trabalho atual (algo em torno de 35 anos de idade).

Por outro lado, a hipótese levantada na opção "por ser um trabalho mais rentável", respondida por 34,4% dos entrevistados, contradiz a média de salário constatada, onde se tem que somente 12,5% recebem mais de quatro salários mínimos, enquanto 9,4% recebem até essa faixa salarial. Os outros 88% recebem não mais que três salários mínimos. Dentro destes, 15,6% recebem o mínimo legal, 21,9% recebem até 1 salário, enquanto outros 20,3% até dois salários.

É interessante observar que 45,3% destes trabalhadores estão sem suas carteiras de trabalho assinadas há mais de cinco anos, sendo que 10,9% estão nessa situação entre os últimos dois a três anos, enquanto uma pequena margem de 6,3% nunca teve a referida carteira assinada. Por outro lado, confirma-se a hipótese do aumento da jornada de trabalho destes trabalhadores (gráficos 7, 8 e 9). Isto porque uma pequena parcela de 12,5% realiza a jornada de oito horas diárias, de segunda a sexta-feira; 20,3% trabalham de oito a dez horas até as doze horas; 51,6% trabalham de dez a doze horas, e, 15,6% ultrapassam a jornada diária das doze horas. E mais: todos, sem exceção, trabalham aos sábados, sendo que 39,1% trabalham das dez a doze horas e 21,9% ultrapassam a jornada de doze horas. Nos domingos e feriados, encontrou-se uma significativa parcela de 37,5% que trabalha, enquanto 9,4% responderam que trabalham somente algumas vezes.

Ninguém duvida, contudo, de que estes trabalhadores buscaram uma alternativa de subsistência dentro do sistema capitalista, tendo em vista o fato de novo redimensionamento do capital, estar gerando um desemprego estrutural como nunca foi visto.

Por outro lado, essa expressiva parcela da população, que trabalha, geralmente, de segunda a domingo para manter um mínimo de dignidade, não consegue, dentro de seu precário orçamento, prever sua subsistência para a fase de idade avançada ou para outro infortúnio que lhe retire a capacidade laborativa.

Nossa pesquisa detectou que 73% dos trabalhadores não estão contribuindo para a Previdência Social, enquanto somente 27% contribuem (gráfico 10). Trata-se, portanto, de um índice muito alto e preocupante.[76]

---

[76] Certamente, este índice deve elevar-se em outras categorias deste mesmo segmento, tais como os mototáxis, em atual ascensão, vendedores ambulantes, dentre outros.

Previdência e Neoliberalismo

Afirmo isso porque essa gama significativa de trabalhadores ficará desprotegida quando não mais puderem trabalhar, seja por doença ou idade avançada, ou, como já se afirmou, quando se acidentarem no trabalho. Isto sem falar na hipótese de falecerem e seus familiares ficarem sem o benefício da pensão por morte, porque não eram segurados da Previdência Social.

Percebe-se, pela leitura da última questão, a qual solicitava ao entrevistado que desse sua opinião sobre a Previdência Social, que muitos dos informantes confundem Previdência com Assistência Social. Observem-se algumas das respostas:

Entrevistado "A" – "Muito difícil, pois a hora que a gente precisa do auxílio tem mil e mil exigências".

Entrevistado "B" – "Não existe, pois a gente paga a vida inteira e não usa quase. Tenho a UNIMED".

Entrevistado "C" – "Péssimo o atendimento do hospital".

Entrevistado "D" – "Totalmente deficitária, porque se você quiser um bom atendimento terá que optar por planos particulares".

Entrevistado "E" – "Eu acho que está indo de mal a pior, bem que nosso Presidente poderia dar mais recursos para os hospitais, postos de saúde, senão vai acabar ficando sem nada e todo mundo passando mais trabalho".

Entrevistado "F" – "Um caos, uma vergonha, um antro de corruptos, cabide de emprego para afilhados do governo corrupto e o povo paga, vive da miséria, dormindo nos bancos de hospitais. Onde vai o dinheiro do órgão que mais arrecada no Brasil? E ainda falam dos camelôs!"

Pela leitura dos depoimentos acima – quase desabafos - vê-se que muitos entrevistados não sabem que, desde a criação do INSS, em 12/04/90, a Previdência Social cuida somente do seguro, ou seja, da arrecadação e fiscalização das contribuições, bem como da concessão dos benefícios. A questão da saúde e assistência sociais não mais pertine ao INSS. Aliás, o direito à saúde foi garantido constitucionalmente, sendo um direito de qualquer cidadão, pague ou não à Previdência Social.[77]

Fica claro, pelas respostas colhidas durante a pesquisa, que o trabalhador no mercado informal não contribui para a Previdência Social não somente por não possuir condições para tanto, mas, principalmente, porque não acredita no sistema tal como ele se apresenta; não acredita na moralidade, eficácia e seriedade de nossa Previdência Social. Trata-se, antes de tudo, de uma questão de classe, porquanto não acredita que suas contribuições, imprescindíveis à sua sobrevivência, ser-lhe-ão devolvidas sob forma de benefício quando dele precisar.

Não restam dúvidas de que os trabalhadores, ou melhor, que o conjunto da classe trabalhadora, assim como os desempregados, deverão procurar alternativas ao modelo neoliberal que aí se encontra, como se fosse a única possibilidade existente.

Para tanto, visando a dar uma contribuição para esta reflexão e ação, passo ao último capítulo do presente estudo, onde enfocarei dois momentos: primeiro, a defesa de nossa Previdência Social, apresentando algumas sugestões de aperfeiçoamento do sistema e, segundo, a possibilidade da autogestão do modelo.

---

[77] A saúde, na prática, é outro direito negado aos trabalhadores. Entretanto, fugiria aos meus propósitos discuti-la neste trabalho.

Previdência e Neoliberalismo

5. Repensando a previdência social

5.1. POR QUE A DEFESA DA PREVIDÊNCIA PÚBLICA?

Em meio a tantos apelos à privatização de nosso sistema previdenciário, cuja pregação neoliberal encontramos fartamente estampada nos meios de comunicação, diariamente, defendo, num primeiro momento, o fortalecimento de nosso sistema previdenciário estatal.

A primeira e fundamental premissa que levanto é a seguinte: não será do conjunto dos trabalhadores todo o patrimônio acumulado pela Previdência Social brasileira até nossos dias? Se este patrimônio é dos cidadãos brasileiros, como será possível o seu repasse para as instituições privadas, sem que exista um prejuízo, quiçá irreparável, para estes cidadãos?

E mais: como é possível coadunar a lógica do lucro, que move toda e qualquer forma de relação capital x trabalho e, por via de conseqüência, todos os investimentos no sistema capitalista, com os princípios da solidariedade e divisão de riscos sociais, existentes em qualquer modelo de previdência social?

Ora, torna-se evidente que, se o nosso modelo se encontra combalido, é porque, além de a União, como vimos, ser a maior devedora deste, os recursos que hoje faltam são aqueles que foram desviados pelos governos para outra rubricas. Quem não se recorda da construção de Brasília ou da Transamazônica, somente para citar dois exemplos mais ilustrativos, que consumiram grandes somas do caixa da Previdência Social?

Como poderá um sistema conseguir o tão sonhado "equilíbrio atuarial", como apregoam os neoliberais, se o pior exemplo vem justamente de quem deveria dar exemplo, ou seja, do Governo Federal?

Estas questões e tantas outras que se poderiam elencar, devem servir, pelo menos, para uma breve reflexão sobre nosso sistema atual, visando a aperfeiçoá-lo, assim como levantar uma série de indagações sobre a panacéia da privitização trazida pelo discurso e prática neoliberais.

Penso que as lutas dos trabalhadores, acumuladas até o presente, no sentido de manter um sistema público e de livre acesso dos segurados/trabalhadores, não podem ser anuladas como se os benefícios fossem meros privilégios a serem alcançados.

A privatização de nosso sistema elitizará ainda mais os trabalhadores e segurados do país, tendo em vista que o pressuposto para o ingresso no sistema será unicamente a possibilidade contributiva. A solidariedade, princípio básico e elementar de qualquer modelo previdenciário, deixará de existir. Obterá os melhores benefícios quem pagar mais.

Aos pobres e miseráveis, dirão os neófitos do "pensamento único", o Estado que cuide deles. Ou, no aconselhamento de Hegel, que sejam lançados à própria sorte, eis que é dispendiosa ao Estado a sua manutenção.

O Papa João XXIII, na encíclica *Mater et Magistra*, asseverou que a previdência social é fundamental na previsão do futuro dos trabalhadores, sendo que "os sistemas de seguros sociais e de previdência social podem contribuir eficazmente para uma distribuição do rendimento total de um país, segundo os critérios de justiça e eqüidade" (1962:45), além de reduzir os desequilíbrios econômicos e sociais existentes entre os cidadãos.

Lançar a Previdência Social nas mãos dos grupos financeiros, parece-me que é mover a roda da história para trás. O argumento, frágil e sem sustentação, do aumento da poupança interna, com a privatização, serve de mero suporte ideológico. Até mesmo porque, no caso brasileiro em particular, a privatização aumentaria o déficit do Estado, como ponderou o Senador José Serra (*In: RPS*, jul./92, p. 551).

Outro ponto a ser analisado, que parece ser imprescindível em qualquer análise que se faça da temática ora enfocada, é o aumento da exclusão social diante da privatização pretendida. Isto porque, como se analisou no decorrer deste trabalho, o modelo neoliberal vem aumentando, drasticamente, o número de desfiliados, desempregados ou desocupados. Aumenta, ainda, o número de trabalhadores no mercado informal, assim como a precarização do trabalho, devido à quebra do contrato de trabalho.

Todos estes pontos, observados acima, interferem diretamente na arrecadação da Previdência Social, que tende, cada vez mais, a diminuir. Aliás, como lembra a professora Márcia Flávia Santini, a classe média há muito está excluída do sistema de Previdência Social, tendo em vista o teto de dez salários-de-contribuição instituídos (*In: RPS*, jun./98, p. 418419).[78]

É óbvio que os interesses das seguradoras e instituições privadas não permitem que a Previdência Social Complementar venha a efetivar-se. Afirmo isto porque são justamente estas contribuições, mais polpudas, que interessam a estas entidades privadas. Não existe interesse, tenho plena convicção, na privatização do regime

---

[78] Caso a Previdência Complementar Pública já tivesse sido regulamentada, e parece que não existe interesse para que isso ocorra, os trabalhadores poderiam contribuir para esta visando ao complemento, futuramente, de seus benefícios.

geral como um todo, uma vez que a média dos benefícios não alcança dois salários mínimos, segundo dados do próprio MPAS.

Não é a esmo que as propostas, até então apresentadas, visando à reforma do sistema, sugerem a privatização dos benefícios superiores aos dois salários mínimos legais, enquanto outros falam em cinco salários mínimos. Ou seja, é uma boa forma, nas palavras de Anníbal Fernandes, de "privatizar a riqueza e socializar a pobreza". Levado a efeito esse processo, a maioria dos municípios brasileiros, que possuem os valores pagos pela Previdência Social maiores do que os valores repassados pelo Fundo de Participação dos Municípios – FPM, teria suas economias combalidas.[79]

Por outro lado, existe toda uma propaganda ideológica mostrando a falência do sistema público de Previdência Social, com suas corrupções, falcatruas, ineficiência, morosidade, etc.

Não duvido de que muitos dos problemas apresentados pela propaganda vinculada nos meios de comunicação seja fomentada pelos ideólogos do neoliberalismo. Duvido, isto sim, que estas críticas sirvam para a reestruturação do sistema. A meu ver, trata-se de formar na opinião pública uma concepção falsa da realidade, de modo que a privatização surja como que espontaneamente, como única saída para a salvação do sistema.

Defendo, por isso, que o sistema público seja cada vez mais publicizado e aberto a todos os que desejam a ele se filiar. Defendo, igualmente, as mudanças necessárias ao aperfeiçoamento deste, de modo que possa, num segundo passo, transformar-se totalmente num sistema de autogestão e autogerenciamento, como será explicitado no último tópico.

---

[79] Cf. estudo feito por Álvaro Sólon de França, ex-presidente da ANFIP, publicado na *Revista de Previdência Social*, LTr., agos./99, p. 801 e ss.

Passarei à análise das alterações que, em meu entendimento, deverão ocorrer no sistema público, para que se possa chegar à autogestão defendida no item 5.2. Para tanto, agruparei estas mudanças em alguns tópicos, facilitando a exposição didática e a análise minuciosa de cada um.

a) Democratização e Publicização da Previdência Social

Embora, no plano teórico, já vigore o sistema tripartite, onde, em tese, haveria a participação do governo, dos trabalhadores e dos empresários, estamos muito longe, na prática, de uma gestão democrática da Previdência Social.[80]

É necessário que os aposentados e suas instituições representativas tenham direito, vez e voz, nas discussões e decisões junto a todas as instâncias. De nada adianta uma comissão de caráter meramente consultivo, sem nenhum poder deliberativo.

Talvez esteja na hora de lutarmos por uma Previdência menos estatal e mais pública, onde o Estado somente zele pelo numerário arrecadado, bem como pelo cumprimento das determinações legais e protocolares.

Por um lado, a participação efetiva do conjunto dos trabalhadores e aposentados, bem como da sociedade como um todo, mesmo com os limites da democracia representativa, poderiam melhorar o sistema, tornando-o mais democrático e transparente. Por outro lado, as condições que tornaram possível o Estado neoliberal apontam para a quase impossibilidade de o capitalismo conviver com a democracia.

---

[80] Conferir, neste sentido, o artigo de Carmelina Calabrese Nunes, Presidente do SINDIFISP/SP, intitulado "Gestão de Privatização", publicado na *Revista de Previdência Social*, LTr., n° 175, jun./95, p. 382-386.

Essa democratização, uma vez viabilizada, diminuirá, em muito, a burocracia perniciosa reinante no sistema previdenciário. Quiçá, encontre-se a saída para tantos problemas que os burocratas de plantão não têm nenhum interesse em resolver, sob pena de perderem seus empregos, tais como as filas imensas, os protocolos desnecessários, a morosidade no trâmite dos pedidos, etc.

A democratização está embricada, necessariamente, com a publicização do sistema previdenciário. Por publicização, entendo uma exteriorização radical de todos os atos, procedimentos e situação atuarial do sistema, sem nada a esconder. Ou seja, uma total transparência no que concerne aos recursos arrecadados, à sua distribuição e aplicação.

Esta democratização, somada com a publicização, evitaria que a União desviasse numerário, como vem ocorrendo, para utilizar em outras rubricas.

Quanto maior o número de cidadãos/segurados, representando os mais diversos segmentos envolvidos, que participarem da administração do sistema, menor, certamente, será o número de fraudes e desrespeito com o dinheiro de toda a coletividade.

b) Acirramento da Função Social: O Respeito ao Segurado

Quando os neoliberais apontam as razões e os avanços advindos com a privatização da Previdência Social, não conseguem – ou não querem – explicar como manteriam a função social, inerente ao sistema, com o lucro, objeto maior e final de toda a atividade capitalista.

Parece que esta equação é de todo inoperante. Os exemplos das privatizações de funções públicas essenciais, como a eletricidade e a telefonia, para citar dois casos mais comuns, estão sendo dados, e os resultados não podem ser mais desastrosos, sob o ponto de vista social. A qualidade dos serviços, ao contrário do que apontavam antes de abocanharem a prestação destes e outros serviços, caiu consideravelmente. E o preço dos serviços, como é sabido, aumentou após a privatização.

Os apologistas do modelo chileno, por sua vez, esquecem-se de dizer que, naquele país, o repasse do sistema previdenciário para a esfera privada, a partir de 1981, representou e representa um alto custo para o erário público. Isto porque o governo chileno assumiu cerca de 1 milhão de aposentadorias, o que representa um desembolso, anualmente, de US$ 1,3 bilhão. E mais: somente se terá certeza do êxito do modelo quando os atuais contribuintes vierem a requerer seus benefícios, o que ainda não aconteceu. Os indícios, ao contrário, apontam em outra direção: fraudes no sistema, instituições falindo e deixando para o governo o saldo a pagar, contribuições não-revertidas, correção baixa dos benefícios, tendo em vista as "leis" do mercado, etc.

Penso, portanto, que o interesse privado não se coaduna com o interesse da coletividade, ainda mais quando se trata da garantia de um benefício substitutivo ao salário do contribuinte.

Torna-se imperativo que se discuta a função social da Previdência e dos organismos que a compõem, de modo que o péssimo atendimento aos segurados seja repensado e transformado, no seio da Instituição.

O sentimento que o conjunto dos funcionários possui, por um processo de formação ao longo da existência do Instituto Previdenciário, onde os segurados se apresentam como se "inimigos" fossem, e seus pedidos, conseqüentemente, representam a falência do sistema, tem de desaparecer.

Os segurados, por seu turno, que procuram informações nos postos de atendimento do INSS, no mais das vezes, são mau atendidos e não possuem um mínimo de sentimento apropriativo. Isto porque a Instituição, apesar de pertencer-lhes, atua como se, sendo alheia, lhes prestasse um favor.

Sabe-se, pela atuação nesta seara há quase uma década, que os serviços de perícia, a cargo do INSS, por exemplo, funcionam precariamente, tendo, especialmente nas cidades do interior, clínicos gerais realizando perícias nas mais diversas áreas, inclusive no diagnóstico de doenças psíquicas.[81]

O parecer não poderá ser outro: resultado desastroso da perícia e indignação do segurado periciado, que, por ser pobre, não é tolo a ponto de não perceber a má qualidade do serviço.

Entendo que a democratização do sistema, como proposto no primeiro tópico, contribuirá para o estabelecimento deste novo referencial, no qual os segurados serão a razão principal da existência da Instituição, bem como a função e o trabalho dos servidores deverão, em contrapartida, ser dignos e bem-remunerados.

Pode parecer utopia este pensamento; que o seja. O que não deve acontecer é essa concepção retrógrada de que o público é de ninguém, ou de que, ao contrário, é privilégio de alguns.

c) Garantia dos Princípios e Direitos Constitucionais

A Constituição Federal de 1988 estabeleceu uma série de princípios básicos, bem como direitos fundamentais, que, se seguidos à risca, são suficientes para o fortalecimento e manutenção da Previdência Social.

O que se está vendo, ao contrário, é a desregulamentação destes direitos e a conseqüente derrocada

---

[81] Tornou-se bastante comum, infelizmente, o clínico-perito preencher os formulários cabisbaixo, sem sequer olhar para o rosto do segurado. O resultado já é previamente conhecido, tendo em vista a negativa *a priori* dos pedidos, especialmente quando se trata de auxílio-doença e benefícios congêneres. Pessoalmente, já presenciei casos em que o segurado, sendo cego, foi liberado para o trabalho devido à sua jovialidade ou, como é muito comum, o trabalhador braçal, após a perda de um braço ou uma perna, ser considerado apto para "o exercício de atividade em que não haja o esforço físico" (coloco entre aspas porque são estes exatos termos que constam nos relatórios periciais).

Previdência e Neoliberalismo

destes princípios, feitas através das sucessivas reformas da Previdência Social.[82]

Penso que devamos ser intransigentes na defesa destes princípios, especialmente no que se refere ao solidarismo do sistema, impossível no modelo privatista, na defesa dos direitos adquiridos dos segurados, no acesso fácil aos serviços prestados pela Previdência Social, na universalização dos serviços e benefícios, etc.

A garantia do reajustamento dos benefícios, por exemplo, é um direito fundamental para a manutenção da dignidade dos aposentados e usuários do sistema. Não se pode mais aceitar os critérios dissonantes utilizados pelo governo quando, ao aumentar o salário mínimo, repassa aos inativos que percebem mais que o mínimo legal, o índice que bem entender. Esta prática está conduzindo a uma pauperização cada vez maior dos segurados, aumentando a pobreza e a concentração de renda em nosso país.

d) Previdência Complementar Pública

É necessário que se entenda o jogo neoliberal para que se possa compreender os motivos pelos quais, até o presente, o sistema de Previdência Complementar, pública, ainda não foi regulamentado.

Antes da primeira Reforma da Previdência, nos debates que a antecederam, eram comum manchetes como esta:

"Com o projeto de reforma da previdência social, cresce a mobilização das empresas de seguridade privada e dos fundos de pensão para abocanharem sua fatia no mercado de 10 milhões de trabalhadores que estarão aptos a participar de programas

---

[82] Assim aconteceu com a garantia constitucional da correção dos salários-de-contribuição que originavam a Renda Mensal Inicial dos benefícios (R.M.I) que, com a EC nº 20/98, foi retirada do corpo da Constituição, sendo jogada para lei ordinária.

complementares" ("Previdência privada espera crescer 80% em 1995", *in: Jornal do Brasil*, Rio de Janeiro, 5 de fevereiro de 1995, p. 4).

Não existe nenhum argumento lógico que impeça os trabalhadores de organizarem entidades de previdência, como os fundos de pensões já existentes,[83] de modo a organizarem o complemento de seus benefícios quando da inatividade.

Estas entidades de previdência complementar fechada, diga-se de passagem, tiveram um papel importante no processo de privatização das empresas estatais, fazendo com que parte das ações não passassem ao controle acionário dos capitalistas estrangeiros.[84]

É óbvio que as entidades de previdência privada desejariam que esse volumoso mercado, assumido pelos fundos de pensão, fossem transferidos para a iniciativa privada. Por isso o investimento pesado contra estes fundos, na maioria formados pelos funcionários públicos, feito pelos interessados nesta fatia do mercado.

Parece, a meu ver, que as experiências destas entidades de previdência fechada, de caráter complementar, devem ser analisadas e mais bem refletidas. Até mesmo porque estão funcionando a contento, muito embora haja todo esse discurso, a que me referi, de que o sistema está em vias de esgotamento e de que é inviável sob o ponto de vista atuarial. Aliás, ao contrário do que dizem os neoliberais, já existe, em nosso sistema, uma ampla liberdade de contribuição, seja em nível de complemen-

---

[83] Dentre os quais, em ordem patrimonial crescente, encontramos: a PREVI (dos funcionários do Banco do Brasil), o FUNCEF (dos funcionários da Caixa Econômica Federal), a PETROS (da Petrobrás), o CENTRUS (do Banco Central) e o SITEL (Telebrás), que, até o ano de 1995, detinham mais de US$ 28 bilhões (cf. Romero, Vilson Antônio, *In: RPS* nº 177/552).

[84] Segundo dados do próprio DNDES (*In:* Biondy, 1999: 42-48), a PREVI, por exemplo, comprou 15,0% da USIMINAS, 15,0% da ACESITA, 9,8% da EMBRAER e 20,0% da concessão do Porto de Santos (Codesp). O SISTEL, por exemplo, comprou 9,2% da ACESITA, 9,8% da EMBRAER e 15,0% da concessão do Porto de Santos (Codesp).

to através dos fundos de previdência fechada, seja através da previdência aberta, cujos serviços estão sendo oferecidos por várias instituições financeiras, a exemplo do Itaú, Bradesco, Banco Real, Banco do Brasil, etc.

e) Seguro Social e outros Sistemas de Seguridade

Não cabe, mais uma vez, tecer a distinção entre seguro e seguridade sociais, mas torna-se imprescindível a separação do seguro de seus dois co-irmãos, ou seja, da assistência e da saúde, cujo tripé forma o que se denomina "seguridade social" propriamente dita. Digo isto porque, como já afirmei e demonstrei no decorrer deste estudo, o governo federal vem jogando os dados, de modo a confundir os cidadãos e fazer, paulatinamente, passar sua ideologia privatizante.

Ora, forçoso é reconhecer que muitas prestações, as quais chamamos genericamente de benefícios, a exemplo do Amparo Assistencial, tecnicamente não o são, uma vez que prescindem de contribuição para que seus percipientes os recebam.

Logo, não é correto, sob nenhum enfoque, que estes auxílios, por assim dizer, de cunho assistencial, apareçam em dados e tabelas como se benefícios fossem, o que aumenta o déficit do sistema.

O custeio destes auxílios não vem dos contribuintes, que pagam mensalmente suas contribuições ou sofrem compulsoriamente esse desconto, mas sim de outras fontes, tais como COFINS, impostos, taxas, etc. E assim deve ser, pois nada mais justo que esse ônus seja arcado pelo conjunto da sociedade:[85]

---

[85] Análise em particular deve ser feita com os benefícios pagos aos trabalhadores rurais, cuja fonte de custeio, fruto das contribuições quando das vendas dos produtos, não é suficiente para o equilíbrio do sistema. Somente no ano de 1995, segundo dados do próprio MPAS, foram gastos em torno de R$ 10 bilhões no pagamento destes benefícios. Urge, pois, o repasse do custeio para os empregadores e empresas rurais, de modo a não onerar ainda mais esses trabalhadores.

Far-se-á igualmente necessário que os regimes de previdência sejam encarados distintamente, sob pena de se continuar cometendo injustiças e reproduzindo uma ideologia que visa somente à privatização do sistema. Veja-se o quadro abaixo:

Distribuição, em salários mínimos, da média recebida nos dois regimes

CATEGORIAS	VALOR MÉDIO
Servidores Federais Civis	6,4 SM
- Judiciário	36,6 SM
- Legislativo	36,2 SM
- Executivo	5,4 SM
Regime Geral – INSS	1,8 SM
- Urbanos	2,1 SM
- Rurais	1,0 SM

FONTE: Ministério da Previdência e Assistência Social (MPAS)

Logo, pelo que se observa do quadro supra, existe uma enorme distância entre os benefícios dos servidores do Judiciário e do Legislativo, por exemplo, em relação aos do RGPS. Os trabalhadores rurais, como demonstra o quadro anterior, recebem um minguado salário mínimo.

Por outro lado, é injusta a alegação de que os benefícios pagos a estas duas categorias constituem um privilégio, tendo em vista que, durante a vida ativa, os servidores contribuíram sobre a totalidade de seus vencimentos, sendo justo que recebam, quando da inatividade, a mesma remuneração da ativa. Isto porque os proventos nada mais são do que substitutivos de seus vencimentos.

Ninguém pode duvidar, porém, que ambos os regimes devem ser tratados diferenciadamente, de modo que cada qual encontre a posição atuarial que atenda aos interesses dos segurados e permita longa vida ao sistema.

5.2. A utopia da autogestão

Num primeiro momento, gostaria de esclarecer em que sentido utilizo a palavra utopia, tendo em vista as várias acepções que esta comporta.

Penso e acredito que o homem é inacabado, sendo imperfeitos também os seus projetos. Aliás, pro/jetar nada mais é do que lançar para frente, rumo a um futuro que já é presente e para cujo acontecimento lutamos. É justamente com este significado, um tornar o impossível possível, que utilizo esta expressão, tão desgastada ultimamente, especialmente pela "pós-modernidade" que apregoou o término das utopias.

Esta realidade utópica, uma vez que ainda não existe, poderá acontecer desde que homens e mulheres lutem por ela.

Talvez seja ousadia pensar em uma Previdência Social autogestionária, ou seja, gerida, organizada e planejada pelos seus partícipes, notadamente aqueles que a usufruirão: os trabalhadores e demais segurados.

Parece que Bismarck, cujos livros citam-no como a primeira expressão em termos de Previdência Social, foi muito astuto, politicamente falando, porque regulou os direitos previdenciários na Alemanhã do século XIX e, com isso, conseguiu letigimidade para continuar no poder (Russomano, 1979:9).

Analisando o nascimento da Previdência Social brasileira, é possível constatar que a organização dos trabalhadores arrancou do Estado um mínimo de proteção social. Não foi a esmo que os primeiros a conquistar este direito foram os trabalhadores das estradas de ferro, seguidos pelos portuários, justamente as duas categorias mais organizadas.[86]

Por um lado, não discuto o fato de que o Estado capitalista necessitava da preservação e reprodução da força de trabalho, razão pela qual o Estado também fazia concessões dentro do jogo.

Por outro lado, não podemos anular ou simplesmente desconhecer a força dos trabalhadores nesta conjuntura histórica, sob pena de se fazer uma leitura meramente mecanicista.

A idéia da organização por categoria profissional, acredito, não é de todo má, pois que o controle fica bem mais democrático e, por ser de pequenas dimensões, evita as fraudes e os desvios de recursos.

O professor Wladimir Novaes Martinez, em palestra proferida no VI Congresso dos Procuradores da Previdência Social, realizado no Rio de Janeiro, em 17.11.98, assim se posicionou:

"Enquanto estiverem soprando os ventos que derrubaram os muros de Berlim e desmoronaram a União Soviética, até que as leis do mercado continuarem prevalecendo no mundo e a social-democracia não conseguir substanciar-se, estas propensões continuarão. Melhor que o servidor participe ativamente da elaboração desta instituição. Talvez restabelecer o antigo ex-IPASE, alguma coisa assim, caso contrário ele poderá ser surpreendido com alguma coisa que não lhe agrade".

---

[86] Depois destes dois setores, outras categorias passaram a se organizar, como os comerciários, os bancários, os industriários, funcionários públicos, dentre outros, organizando o Institutos de Aposentadorias e Pensões, que passaram a chamar-se de IAPs. Os principais problemas destes, que conduziram a sua unificação em 1960, foi a disparidade de cada Instituto, uma vez que possuíam regras diferentes, bem como a dificuldade de repasse das contribuições, dada a migração dos segurados entre um e outro sistema. Além disso, a centralização foi uma forma de melhor dominação e cooptação dos trabalhadores, além da redução dos custos das Caixas existentes (Faleiros, 1995:136).

Penso que o professor Wladimir Martinez captou bem a conjuntura atual, onde a sombra privatista ronda também a Previdência Social, não existindo, na verdade, muita opção ao conjunto da classe trabalhadora: ou ela se organiza e cria seus mecanismos de defesa e proteção, ou as empresas de seguridade privada não perderão a oportunidade de aumentar seus lucros.

Acreditar no retorno do Estado Protecionista, como acenou o professor Martinez, é pura ingenuidade, tendo em vista o esgotamento deste modelo face à vitória do neoliberalismo. Neste, como já visto, não existe lugar para as políticas sociais típicas do *Welfare State*. Será preciso trilhar outros caminhos.

Num primeiro momento, penso que Marx (1977) já acenou com uma perspectiva interessante, quando se referiu à educação de sua época, defendendo que o Estado não interviesse na gestão da Escola, tendo tão-somente a responsabilidade de repassar os recursos para que esta se mantenha exercendo um papel de fiscalizador.

Acredito que podemos caminhar em direção a uma Previdência Pública, não controlada pelo Estado, mas sim pelos envolvidos no processo: trabalhadores, empregadores, inativos e a sociedade civil como um todo.

Nada obsta, porém, que a fiscalização do sistema, tanto no aspecto funcional quanto no econômico, seja feita pelo Estado, de modo a preservar o modelo para que este cumpra seu mister.

Por outro lado, entendo ser viável a organização de microssistemas de Previdência, complementar ou não, feitos por categorias profissionais, por empresas ou ramos de atividade.

Note-se que isto não é uma novidade, embora ainda se encontre naquela dimensão utópica a que me referi, tendo em vista que muitas organizações já existem neste sentido.

Caso os trabalhadores, os sindicatos e associações não se interessem por essa questão, precavendo-se com relação a seus destinos após a inatividade, o interesse das seguradoras e instituições privadas, que é latente, prevalecerá, já que visam à lucratividade, obviamente. O resultado, caso isso ocorra, não poderá ser outro senão a incerteza do recebimento de um benefício digno e correlato às contribuições vertidas, como já foi apontado anteriormente.

Sabe-se, através de estudos feitos por respeitáveis economistas, que as reformas sucessivas da Previdência Social só têm aumentado a concentração de renda no Brasil, além de deprimir o consumo (Singer, 1998: 128).

Por outro lado, cada vez mais diminui o número de participantes do sistema previdenciário, especialmente pela impossibilidade de contribuição dos segurados: seja pelo desemprego involuntário e estrutural, seja pela precarização do emprego, os trabalhadores a buscarem, na ocupação, formas precárias de sobrevivência.

Acredito que, mais do que nunca, faz-se necessário que o conjunto da classe trabalhadora dê respostas a esta nova conjuntura, trazida pelo neoliberalismo vigente.

Este novo desafio envolve o aprofundamento da solidariedade como princípio norteador de uma nova Previdência Social, na qual os mais pobres paguem menos e tenham resguardados os mesmos direitos daqueles que contribuem mais. Penso que se deva ser intransigente neste princípio, o que seria impossível em qualquer sistema de capitalização individual.

Deve-se combater o projeto privatista neoliberal, mostrando os resultados obtidos nos países que adotaram esse regime de capitalização, como é o caso de Chile, Argentina e Paraguai, somente para trabalharmos com exemplos latino-americanos.

No propagandeado sistema chileno, encontra-se mais um sistema de poupança individual do que um regime de previdência propriamente dito. O governo daquele país, como foi visto, ficou com o ônus daqueles benefícios em andamento. Além do mais, ouvem-se notícias, justamente agora que alguns dos contribuintes/poupadores começariam a utilizar o sistema, de falências das administradoras privadas, tal como aconteceu com o Montepio da Família Militar, aqui entre nós, cujas viúvas até hoje não receberam suas pensões.

No Paraguai, as duas administradoras de previdência privada decretaram falência, não pagando ninguém, enquanto na Argentina, que privatizou a Previdência em 1994, adotando o sistema chileno, o governo de De la Rúa, interveio recentemente nas AFJP (*Administradoras de Fondos de Jubilaciones y Pensiones*), rebaixando as taxas de administração cobradas pelas administradoras privadas, bem como facilitando o pagamento de prestações em atraso.[87]

Pode-se e deve-se acreditar na força de organização dos trabalhadores, seus sindicatos e instituições de classe, gestionando eles próprios seus recursos e prevendo seu futuro, - embora pareça utópico este desafio -, antes que nossa omissão torne o porvir mais sombrio e nebuloso.

---

[87] Conferir interessante entrevista com o Ministro da Economia da Argentina, Jose Luis Machinea, *In: Clarin*, Caderno de Economia, Domingo 19 de diciembre de 1999, p. 22.

Conclusão

Se é certo que o processo das políticas sociais passa pelas etapas da demanda, da luta, da negociação e da outorga dos direitos vindicados, na análise de Alejandra Pastorini (1998), é igualmente certo que, no caso da luta pela Previdência Social, não será diferente.

Por isso, seguindo uma estratégia de luta, acredito que devemos, num momento imediato, defender a Previdência Social pública e, num momento mediato, construir sistemas autogestionários de previdência, sem a tutela do Estado.

Este primeiro momento, que chamamos de imediato, é fundamental para a preservação do patrimônio acumulado pela classe trabalhadora, gestionado pela Previdência Social. Isto porque, caso não fizermos esta defesa, ninguém tenha dúvida de que a iniciativa privada irá abarcar a parte lucrativa do sistema, quiçá mais um "negócio", na acepção capitalista, deixando para o Estado o pagamento dos benefícios de valores mínimos, seguindo os passos do Chile e de outros países que aderiram às políticas neoliberais.

Num segundo momento, o qual denominei de mediato, penso que devemos articular a possibilidade de pequenos sistemas de previdência, gestionados e organizados pelos próprios trabalhadores. Por que os trabalhadores do mercado informal de determinada região, como aqueles sobre os quais pesquisamos em Pelotas, não se organizam e montam um sistema de previdência para a categoria? O que impede que outras categorias, seja por ramo de atividade ou por empresa, também não façam o mesmo?

Parece, por outro lado, que as empresas, sempre visando ao lucro e ao apaziguamento da luta entre capital e trabalho, estão começando a organizar-se, oferecendo planos de aposentadorias complementares. Tais planos apresentam-se como um *plus*, ou como um privilégio a mais ao trabalhador, que paga por este complemento. Isto sem falar que, com este fundo, a empresa aplica o dinheiro arrecadado, dentro da lógica capitalista, obtendo lucro e dividendos oriundos da aplicação deste numerário na ciranda financeira. Faz, de certa forma, o mesmo que as empresas de capitalização privada fazem quando da gestão de seus planos.

A pesquisa de campo realizada (item 4.2), serviu-nos para mostrar o descontentamento dos trabalhadores entrevistados com a Previdência Social.

De outro lado, penso que existe uma propaganda, quase que oficial, conduzindo o desmonte de nosso modelo previdenciário. Tudo indica que o objetivo maior é semear a idéia da incompetência do sistema e sua inviabilidade total, de modo que se torne senso comum, entre os trabalhadores e os demais cidadãos, a idéia neoliberal privatizante.

É necessário que se desarticule este argumento, fazendo com que o patrimônio dos trabalhadores e inativos, representado pela Previdência Social, não venha a ser destruído, como ocorreu com nossas empresas estatais, mesmo aquelas mais lucrativas e competitivas.

Esta luta passa, portanto, por uma tomada de consciência do conjunto da classe trabalhadora, incluindo aqui os inativos, também interessados neste processo. Caso contrário, o projeto e a prática neoliberal serão vitoriosos.

Por fim, penso que não basta somente esta defesa, como já demonstrado no item 5.2, tendo em vista a exaustão do Estado do Bem-Estar Social, porquanto este não mais financia as políticas públicas, notadamente as relacionadas com a Previdência e Assistência Sociais.

Urge, portanto, a organização de microssistemas previdenciários, sendo, inclusive, mais fáceis de controle e fiscalização por parte de seus partícipes, quanto menores forem. Os valores até então arrecadados pela Previdência Social deverão ser repassados para cada um destes sistemas, passando, a partir daí, a ser gestionados pelos próprios trabalhadores.

Ao Estado, no meu entendimento, caberia não mais do que estabelecer as leis genéricas com os critérios de funcionamento dos sistemas, não cabendo nenhuma intervenção ou tutelamento.

Cabe aos trabalhadores, bem como aos desempregados e inativos, trilharem seu próprio caminho, organizando formas de proteção recíproca, de modo a defenderem-se contra as investidas do capital, justamente quando necessitarem de algum benefício, seja por incapacidade ou por idade avançada. Esta tarefa não poderá ser delegada.

Referências bibliográficas

ANDERSON, Perry. "Balanço do Neoliberalismo". *In: Pós-Neoliberalismo: As Políticas Sociais e o Estado Democrático.* SADER, Emir & GENTILI, Pablo (Org.). 4. ed. São Paulo: Paz e Terra, 1998.

BELLAMY, Richard. *Liberalismo e Sociedade Moderna.* São Paulo: NESP, 1994.

BIONDI, Aloysio. *O Brasil Privatizado – um balanço do desmonte do Estado.* São Paulo: Fundação Perseu Abramo, 1999.

CASTEL, Robert. *As Metamorfoses da Questão Social – uma crônica do salário.* Petrópolis: Vozes, 1998.

CARTA ENCÍCLICA: MATER ET MAGISTRA. 9. ed. São Paulo: Paulinas, 1962.

CARRION, Raul K. M. e VIZENTINI, Paulo G. Fagundes (org.). *Globalização, Neoliberalismo, privatizações: quem decide este jogo?* 2. ed. Porto Alegre: Editora da Universidade/UFRGS, 1998.

CENTRO INTERDISCIPLINAR DE ESTUDOS SOBRE EL DESARROLLO LATINOAMERICANO (CIEDLA). La Reforma de La Seguridad Social - perspectivas y proyecciones. Buenos Aires, Argentina: 1997.

CHESNAIS, François. *A Mundialização do Capital.* São Paulo: Xamã, 1996.

——. *Globalização Diminui as Distâncias e Lança o Mundo na Era da Incerteza.* Folha de São Paulo: São Paulo, 2 de novembro de 1997, Entrevista a Clóvis Rossi, Caderno Especial, p.2 e ss.

CLARIN. Buenos Aires, Argentina, 19 de Deciembre de 1999, Año LV, Nº 19.361, Economía, p. 22-23.

COIMBRA, Feijó. 2. ed. *Direito Previdenciário Brasileiro.* Rio de Janeiro: Edições Trabalhistas, 1991.

COSTA, José Ricardo Caetano. *A Reforma da Previdência Social e Outros Estudos.* Pelotas: EDUCAT, 1999.

——. "Da Renda Mensal Vitalícia ao Amparo Assistencial". *In: Revista de Previdência Social.* São Paulo: LTr, p. 279-283, nº 209, abr./98.

CONSTITUIÇÃO DA REPÚBLICA FEDERATIVA DO BRASIL. 16. ed. São Paulo: Saraiva, 1997.

CUNHA, Lásaro Cândido da. *Reforma da Previdência*. Minas Gerais: Del Rey, 1999.

DEMO, Pedro. *Combate à Pobreza – desenvolvimento como oportunidade*. Campinas, SP: Autores Associados, 1996.

FALEIROS, Vicente de Paula. "Previdência Social e Neoliberalismo". *Universidade e Sociedade*. São Paulo. Ano IV, nº 6, p. 87-93, jul. 94.

——. *A Política Social do Estado Capitalista: as funções da previdência e assistência sociais*. 7. ed. São Paulo: Cortez, 1995.

FERNANDES, Anníbal. "A Privatização da Previdência no Chile". *In: Revista de Previdência Social*. São Paulo: LTr, nº 131, p. 641/642, out./91.

——. *Previdência Social Anotada*. 3. ed. São Paulo: Edipro, 1993.

FERRARO, Alceu R. *Exclusão, Trabalho e Poder em Marx*. Pelotas, 1999. (mimeo.)

FERRARO, Alceu R. "O Movimento Neoliberal: gênese, natureza e trajetória". *Sociedade em Debate*, Pelotas, v. 3, n. 4, p. 33-58, dez./97.

FILHO GALVÃO, Luciano Américo. "Da Seguridade Social na Constituição Federal de 1988". *In: Revista de Previdência Social*. São Paulo: LTr, nº 164, p. 531-536, jul./94.

FORRESTER, Viviane. *O Horror Econômico*. São Paulo: UNESP, 1997.

FRIEDMAN, Milton. *Capitalismo e Liberdade*. 3. ed. São Paulo: Nova Cultural, 1988.

—— & Rose. *Liberdade de Escolher - o novo liberalismo econômico*. Rio de Janeiro: Record, 1980.

FRANCA, Álvaro Sólon de. "A Previdência Social e a Economia dos Municípios". *In: Revista de Previdência Social*. São Paulo: LTr, nº 225, p. 801-804, ago./99.

FURTADO, Celso. *O Capitalismo Global*. São Paulo: Paz e Terra, 1998.

GADELHA, Regina Maria Fonseca. (Org.). *Globalização, Metropolização e Polícas Neoliberais*. São Paulo: EDUC, 1997.

GONÇALVES, Odonel Urbano. *Manual de Direito Previdenciário*. 2. ed. São Paulo: Atlas, 1993.

KURZ, Robert. *Os Últimos Combates*. Petrópolis: Vozes, 1997.

HAYEK, F. A. *O Caminho da Servidão*. 5. ed. Rio de Janeiro: Instituto Liberal, 1990.

HEGEL, Georg W. F. *Princípios da Filosofia do Direito*. São Paulo: Martins Fontes, 1997,

HIRSCHMAN, Alberto O. *A Retórica da Instransigência. Perversidade, Futilidade, Ameaça*. São Paulo: Companhia das Letras, 1992.

HOBSBAWM, Eric. *Era dos Extremos - o breve século XX (1914-1991)*. São Paulo: Companhia das Letras, 1995.

JORNAL DO BRASIL. Previdência Privada Espera Crescer 80% em 1995 – Editorial. Rio de Janeiro, 1995.

LAURELL, Asa Cristina (Org.). *Estado e Políticas Sociais no Neoliberalismo.* 2. ed. São Paulo: Cortez, 1997.

LOZANO, Cláudio. "Los Efectos del Ajuste Neoliberal: Bloque Dominante, Desem pleo y Pobreza en la Argentina Acutal". *In:* CARRION *et alli. Globalização, Neoliberalismo, Privatizações: quem decide este jogo?* Porto Alegre: Ed. da Universidade/UFRGS/CEDESP, 1998.

LEITE, Celso Barroso. *A Proteção Social no Brasil.* São Paulo: LTr, 1972.

——. *Dicionário Enciclopédico de Previdência Social.* São Paulo: LTr, 1996.

——. "Previdência Social e Cidadania". *In: Revista de Previdência Social.* São Paulo: LTr, nº 200, p. 637-642, jul./97.

——. "Privatização da Previdência Social". *In: Revista de Previdência Social.* São Paulo: LTr, nº 147, p. 101-103, fev./93.

——. "Roberto Campos não tem razão". *In: Revista de Previdência Social.* São Paulo: LTr, nº 208, p. 204, mar./98.

LIVRO BRANCO DA PREVIDÊNCIA SOCIAL (O). Ministério da Previdência e Assistência Social, Brasília/DF: 1999.

MARENGO, Jorge Luis Scheiner. *El Régimen de Seguridad Social en Paraguay. Centro Interdisciplinario de Estudios Sobre El Desarrollo Latinoamericano.* Buenos Aires, Argentina, p. 405-452, 1996.

MARTINEZ, Wladimir Novaes. *A Seguridade Social na Constituição Federal.* São Paulo: LTR, 1989.

——. "Considerações Sobre a Reforma da Previdência Social". *In: Revista de Previdência Social.* São Paulo: LTr, nº 221, p. 330-337, abr./99.

——. *Subsídios Para Um Modelo de Previdência Social.* São Paulo:LTr, 1992.

MARX, Karl. *Crítica del Programa de Gotha.* Moscou: Editorial Progreso, 1977.

——. *Elementos Fundamentales Para La Crítica De La Economia Política (Grundrisse) 1857-1858).* Vol. I. 17. ed. España: Siglo XXI Editores, 1997.

MERQUIOR, José Guilherme. *Liberalismo: viejo y nuevo.* México: Fondo de Cultura Económica, 1993.

MUNHOZ, Dércio Garcia. "As Reformas e as Mudanças da Previdência Social". *In: Globalização, Neoliberalismo, Privatizações: Quem Decide Este Jogo.* CARRION, Raul & VIZENTINI, Paulo. 2. ed. Porto Alegre: Editora da Universidade-UFRGS/CEDESP-RS, 1998.

NUNES, Carmelina Calabese. gestão e privatização. *In: Revista de Previdência Social.* São Paulo: LTr, nº 175, p. 382-386, jun./95.

Previdência e Neoliberalismo

MARSHALL, Alfred. *Principios de Economía: um tratado de Introdução.* 8. ed. Madrid, Espanha: Aguilar, 1957.

MISES, Ludwig von. *A Mentalidade Anticapitalista.* Rio de Janeiro: José Olympio: Instituto Liberal, 1987.

――. *As Seis Lições.* 5. ed. Rio de Janeiro: Instituto Liberal, 1995.

――. *Uma Crítica ao Intervencionismo.* Rio de Janeiro: Nórdica: Instituto Liberal, 1995.

――. *Ação Humana: Um Tratado de Economia.* 2. ed. Rio de Janeiro: Instituto Liberal, 1995.

OLIVEIRA, Francisco de. *Os Direitos do Antivalor.* Petrópolis: Vozes, 1998.

PASTORINI, Alexandra. "Quem Mexe os Fios das Políticas Sociais?". *In: Serviço Social & Sociedade.* São Paulo: Cortez, 3 (53), 1997, p. 80-101.

PICARELLI, Márcia Flávia Santini. "Da Exclusão da Classe Média da Previdência Social". *In: Revista de Previdência Social,* São Paulo: LTr, n° 211, p. 419/420, jun./98.

PROGRAMA NACIONAL DE DESESTATIZAÇÃO: Relatório de Atividades - 1998. Rio de Janeiro: Departamento de Relações Institucionais, 1998.

REVISTA DE PREVIDÊNCIA SOCIAL. São Paulo: LTr, n° 217, dez./98.

REVISTA DE PREVIDÊNCIA SOCIAL. São Paulo: LTr, n° 220, mar./99.

RICARDO, David. *Princípios de Economia Política e Tributação.* São Paulo: Nova Cultural, 1988.

ROMERO, Vilson Antonio. "Previdência Brasileira: as bases para um novo modelo". *In:Revista de Previdência Social.* São Paulo: LTr, n° 177, p. 546-557, ago./95.

RUSSOMANO, Mozart Victor. *Curso de Previdência Social.* Rio de Janeiro: Forense/Pelotas Universidade Federal de Pelotas, 1979.

SAAD, Teresinha Lorena Pohlmann. "Conseqüências da Globalização da Economia na Previdência Social". *In: Revista de Previdência Social.* São Paulo: LTr, n° 209, p. 301-304, abr./98.

SADER, Emir; GENTILI, Pablo (Org.). *Pós-neoliberalismo - as políticas sociais e o Estado Democrático.* 4. ed. São Paulo: Paz e Terra, 1998.

SANTOS, Boaventura de Souza. *Pela Mão de Alice: O Social e o Político na Pós-Modernidade.* 4. ed. São Paulo: Cortez, 1998.

SANTOS, Sérgio Cutolo dos. "Revisão para a Previdência". *In: Revista de Previdência Social.* São Paulo: LTr, n° 163, jun./94, p. 427/428.

SCHUMPETER, Joseph A. *Teorias Econômicas - de Marx à Keynes.* Rio de Janeiro: Zahar, 1970.

SERRA, José. "Privatização da Previdência: mito e realidade". *In: Revista de Previdência Social.* São Paulo: LTr, n. 140, jul./92.

SIMIONATTO, Ivete. "Estado e Sociedade Civil: uma visão gramsciana da contemporaneidade". *In: Sociedade em Debate*, V. 3, n. 4, Dez./97, p. 5.

SINGER, Paul. *Globalização e Desemprego: Diagnósticos e Alternativas*. São Paulo: Contexto, 1998.

——. "Globalização e Desenvolvimento da América Latina". *In:* GADELHA, Regina (org.). *Globalização, Metropolização e Políticas Neoliberais*. São Paulo: EDUC, 1997.

SMITH, Adam. *Inquérito Sobre a Natureza e as Causas da Riqueza das Nações*. 2. ed. Lisboa: Fundação Calouste Gulbenkian, 1989.

SORMAN, Guy. *A Nova Riqueza das Nações*. 3. ed. Rio de Janeiro: Instituto Liberal, 1989.

——. *A Solução Liberal*. 3. ed. Rio de Janeiro: Instituto Liberal, 1989.

STEPHANES, Reinhold. *Previdência Social: Uma Solução Gerencial e Estrutural*. Porto Alegre: Síntese, 1993.

——. "A Previdência do Futuro". *In: Revista de Previdência Social*. São Paulo: LTr, nº 206, p. 607/608, jan./98.

Anexos

Formulário da Pesquisa*

1. Identificação:

1.1 - Sexo: ( ) M   ( ) F

1.2 - Idade: .... anos

1.3 - Possui família?: ( ) S   ( ) N   ( ) Mora com os pais

1.4 - Quantas pessoas moram em tua casa? ....

1.5 - Tem Filhos? ( ) S   ( ) N Quantos? ....

1.6 - Alguém mais trabalha em tua casa? ( ) S   ( ) N

1.7 - Estudou até? ....

1.8 - O que faz? ....

2. Por que começou a trabalhar por conta própria?

( ) Ficou desempregado ( ) Optou por ser mais rentável

( ) Outros

3. Antes de trabalhar como autônomo tinha carteira de trabalho assinada?

( ) S ( ) N

4. Em caso afirmativo, há quanto tempo trabalha sem carteira assinada?

( ) menos de 1 ano   ( ) de 1 a 2 anos   ( ) de 2 a 3 anos

( ) de 3 a 4 anos   ( ) de 4 a 5 anos   ( ) mais de 5 anos

---

* O autor manteve uma linguagem coloquial propositadamente, visando adequar o instrumento à realidade concreta dos entrevistados.

5. Quantas horas trabalha por dia?
( ) até 8h   ( ) de 8h a 10h   ( ) de 10h a 12h   ( ) mais de 12h

6. Trabalha aos sábados? ( ) S ( ) N
Em caso positivo, em que horário?
( ) até 8h   ( ) de 8h a 10h   ( ) de 10h a 12h   ( ) mais de 12h

7. Trabalha aos domingos e feriados? ( ) S   ( ) N

8. Quanto tira por mês, em média?
( ) 1 SM   ( ) 1 e meio SM   ( ) 2 SM   ( ) 3 SM   ( ) 4 SM
( ) mais de 4 SM

9. Está contribuindo para a Previdência Social?
( ) Sim   ( ) Não (Se não está, há quanto tempo? .... anos)

10. Como tu vê a Previdência Social em nosso País? (fala livre).

Gráficos da Pesquisa

Gráfico 1 - Distribuição dos trabalhadores, segundo o sexo.

Gráfico 2 - Distribuição da amostra, segundo grupos de idade

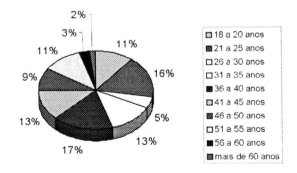

Gráfico 3 - Distribuição dos 64 trabalhadores de acordo com a escolaridade

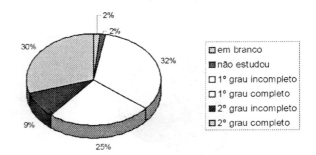

Gráfico 4 - Freqüência de respostas observadas em relação à pergunta: "Por que começou a trabalhar por conta própria?"

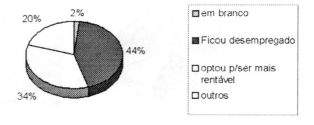

Gráfico 5 - Distribuição dos 64 trabalhadores quanto a ter carteira assinada em atividade anterior

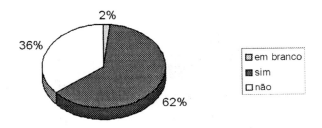

Gráfico 6 - Distribuição das respostas em relação à pergunta: "Por quanto tempo contribuiu para a Previdência Social?"

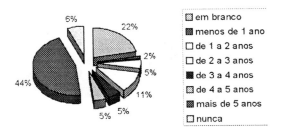

Gráfico 7 - Distribuição das respostas em relação à pergunta: "Quantas horas costuma trabalhar durante a semana?"

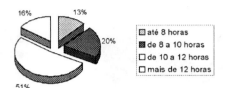

Gráfico 8 - Distribuição das respostas em relação à pergunta: "Quantas horas costuma trabalhar aos sábados?"

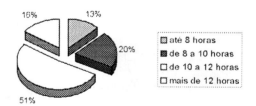

Gráfico 9 - Distribuição das respostas em relação à pergunta: "Costuma trabalhar nos domingos e feriados?"

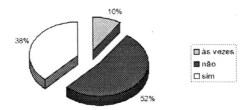

Gráfico 10 - Distribuição das respostas em relação à pergunta: "Contribui para a Previdência Social?"

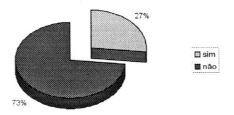

livraria DO ADVOGADO editora

O maior acervo de livros jurídicos nacionais e importados

Rua Riachuelo 1338
Fone/fax: **0800-51-7522**
90010-273 Porto Alegre RS
E-mail: livraria@doadvogado.com.br
Internet: www.doadvogado.com.br

Entre para o nosso *mailing-list*

e mantenha-se atualizado com as novidades editoriais na área jurídica

Remetendo o cupom abaixo pelo correio ou fax, periodicamente lhe será enviado gratuitamente material de divulgação das publicações jurídicas mais recentes.

✓ Sim, quero receber, sem ônus, material promocional das NOVIDADES E REEDIÇÕES na área jurídica.

Nome: _____

End.: _____

CEP: _____-_____ Cidade _____ UF:____

Fone/Fax: _____ Ramo do Direito em que atua: _____

Para receber pela
Internet, informe seu **E-mail**: _____

196-X   assinatura

Visite nosso
site

www.doadvogado.com.br

ou ligue grátis
0800-51-7522

DR-RS
Centro de Triagem
ISR 247/81

CARTÃO RESPOSTA
NÃO É NECESSÁRIO SELAR

O SELO SERÁ PAGO POR

LIVRARIA DO ADVOGADO LTDA.

90012-999 Porto Alegre RS